Découvrez des Jeux Gratuits en Ligne

Disponible Ici :

**BestActivityBooks.com/FREEGAMES**

# 5 ASTUCES POUR DÉMARRER !

## 1) COMMENT RÉSOUDRE LES MOTS MÊLÉS

Les puzzles sont dans un format classique :

- Les mots sont cachés sans espaces, tirets, ...
- Orientation : Les mots peuvent être écrits en avant, en arrière, vers le haut, vers le bas ou en diagonale (ils peuvent être inversés).
- Les mots peuvent se chevaucher ou se croiser.

## 2) UN APPRENTISSAGE ACTIF

Un espace est prévu à côté de chaque mots pour noter la traduction. Pour favoriser un apprentissage actif un **DICTIONNAIRE** à la fin de cette édition vous permettra de vérifier et étendre vos connaissances. Cherchez et notez les traductions, trouvez-les dans le Puzzle et ajoutez-les à votre vocabulaire !

## 3) MARQUEZ LES MOTS

Vous pouvez inventer votre propre système de marquage. Peut-être en utilisez-vous déjà un ? Sinon, vous pourriez, par exemple, marquer les mots qui ont été difficiles à trouver d'une croix, ceux que vous avez aimés d'une étoile, les mots nouveaux d'un triangle, les mots rares d'un diamant, etc...

## 4) STRUCTUREZ VOTRE APPRENTISSAGE

Cette édition vous offre un **CARNET DE NOTES** très pratique à la fin du livre. En vacances ou en voyage ou à la maison, vous pouvez facilement organiser vos nouvelles connaissances sans avoir besoin d'un second bloc-notes !

## 5) VOUS AVEZ FINI TOUTES LES GRILLES ?

Allez à la section bonus **CHALLENGE FINAL** pour trouver un jeu gratuit à la fin de cette édition !

**Simple et Rapide !** Découvrez notre collection de livres d'activités pour votre prochain moment de détente et **d'apprentissage**, à juste un clic de distance !

Trouvez votre prochain défi sur :

BestActivityBooks.com/MonProchainLivre

# À vos marques, prêts... Partez !

Saviez-vous qu'il existe environ 7 000 langues différentes dans le monde ? Les mots sont précieux.

Nous aimons les langues et avons travaillé dur pour créer les livres de la plus haute qualité pour vous. Nos ingrédients ?

Une sélection des thématiques d'apprentissage adaptée, trois belles parts de divertissement, puis nous ajoutons une cuillère de mots difficiles et une pincée de mots rares. Nous les servons avec soin et un maximum de plaisir pour vous permettre de résoudre les meilleurs jeux de mots mêlés qui soient et d'apprendre en vous amusant !

-------

Votre avis est essentiel. Vous pouvez participer activement au succès de ce livre en nous laissant un commentaire. Nous aimerions vraiment savoir ce que vous avez préféré dans cette édition !

Voici un lien rapide qui vous mènera à la page d'évaluation de vos commandes :

BestBooksActivity.com/Avis50

Merci pour votre aide et amusez-vous bien !

*De la part de toute l'équipe*

# 1 - Été

```
V P K S W Y A D R H Ł F G G
A O S A Y G H Z Q B X Z Ł Ł
G D I N P Ż Y W N O Ś Ć G H
B R Ą D O O F V U N N Y E R
H Ó Ż A C D K G R A D O Ś Ć
M Ż K Ł Z S E W K E L A I L
O U I Y Y Y M I O P L A Ż A
D G Z K N G P A W R Q A Z N
C P R Y E R I Z A A M U K K
K F P Ó K Y N D N C Q P B S
Y F X S D A G Y I M O R Z E
P R Z Y J A C I E L E U I S
Y H G B T P Ł Y W A Ć J J G
R O D Z I N A W A K A C J E
```

| | |
|---|---|
| PRZYJACIELE | MUZYKA |
| KEMPING | PŁYWAĆ |
| GWIAZDY | ŻYWNOŚĆ |
| RODZINA | PLAŻA |
| OGRÓD | NURKOWANIE |
| GRY | RELAKS |
| RADOŚĆ | SANDAŁY |
| KSIĄŻKI | WAKACJE |
| WYPOCZYNEK | PODRÓŻ |
| MORZE | |

# 2 - Adjectifs #2

```
Z  D  R  O  W  Y  W  D  J  N  D  L  D  K
S  A  I  M  N  J  G  P  J  S  U  U  Z  Ł
U  U  U  N  I  V  I  K  W  Ł  M  P  I  P
T  S  C  T  T  E  L  E  G  A  N  C  K  I
A  E  L  H  E  E  F  N  O  W  Y  J  I  O
L  N  X  P  Y  N  R  Q  Y  N  N  S  C  P
E  N  T  Q  T  Ł  T  E  P  Y  H  S  D  I
N  Y  B  D  S  C  Z  Y  S  T  Y  R  T  S
T  D  G  N  F  D  L  E  C  U  E  N  W  O
O  K  M  E  G  Ł  D  K  U  Z  J  P  Ó  W
W  S  Ł  O  N  Y  Y  D  O  X  N  Ą  R  Y
A  F  V  N  A  T  U  R  A  L  N  Y  C  Ł
N  D  R  A  M  A  T  Y  C  Z  N  Y  Z  Y
Y  S  I  L  N  Y  P  O  T  Ę  Ż  N  Y  V
```

| | |
|---|---|
| AUTENTYCZNY | NATURALNY |
| SŁAWNY | NOWY |
| TWÓRCZY | POTĘŻNY |
| OPISOWY | CZYSTY |
| UTALENTOWANY | ZDROWY |
| DRAMATYCZNY | SŁONY |
| ELEGANCKI | DZIKI |
| DUMNY | SUCHY |
| SILNY | SENNY |
| INTERESUJĄCY | |

# 3 - Exploration

```
K  C  D  N  Z  A  G  R  O  Ż  E  N  I  A
O  U  L  M  I  G  K  Q  T  I  L  J  U  B
D  Z  L  D  Z  E  D  R  C  J  O  Ę  E  W
W  P  M  T  Z  E  Z  W  I  E  R  Z  Ą  T
A  B  H  D  U  I  O  N  O  W  Y  Y  H  E
G  B  N  J  R  R  A  H  A  Ł  O  K  Ł  R
A  O  I  Y  B  P  Y  Ł  F  N  K  H  K  E
O  D  K  R  Y  C  I  E  A  V  Y  M  M  N
J  H  O  Q  P  J  I  T  J  L  W  W  K  T
P  R  Z  E  S  T  R  Z  E  Ń  N  F  M  X
P  O  D  R  Ó  Ż  D  Z  I  K  I  O  J  Ł
D  E  T  E  R  M  I  N  A  C  J  A  Ś  O
N  I  E  B  E  Z  P  I  E  C  Z  N  Y  Ć
W  Y  C  Z  E  R  P  A  N  I  E  Q  B  M
```

| | |
|---|---|
| DZIAŁALNOŚĆ | WYCZERPANIE |
| ZWIERZĄT | NIEZNANY |
| ODWAGA | JĘZYK |
| KULTURY | NOWY |
| ZAGROŻENIA | NIEBEZPIECZNY |
| ODKRYCIE | DZIKI |
| DETERMINACJA | TEREN |
| PRZESTRZEŃ | PODRÓŻ |

# 4 - Formes

```
K  R  A  W  Ę  D  Z  I  E  P  Q  S  O  I
Ł  P  R  Y  Z  M  A  T  I  R  P  T  Z  L
H  I  P  E  R  B  O  L  A  O  S  O  A  M
K  R  Ł  O  X  P  K  Z  H  S  C  Ż  W  A
L  A  K  W  A  D  R  A  T  T  M  E  I  G
I  M  K  A  K  M  C  N  H  O  C  K  E  K
N  I  R  L  X  U  F  Ł  U  K  Y  F  L  O
I  D  F  S  A  W  L  T  L  Ą  L  A  O  Ł
A  A  Y  W  U  N  A  A  E  T  I  Y  K  O
S  Z  E  Ś  C  I  A  N  L  R  N  D  Ą  T
N  A  R  O  Ż  N  I  K  I  S  D  N  T  K
T  R  Ó  J  K  Ą  T  C  P  G  E  O  S  M
G  K  R  Z  Y  W  A  V  S  B  R  B  O  K
Y  J  W  R  O  B  O  S  A  B  Z  K  F  I
```

| | |
|---|---|
| ŁUK | ELIPSA |
| KRAWĘDZIE | HIPERBOLA |
| KWADRAT | LINIA |
| KOŁO | OWAL |
| NAROŻNIK | WIELOKĄT |
| KRZYWA | PRYZMAT |
| STOŻEK | PIRAMIDA |
| BOK | PROSTOKĄT |
| SZEŚCIAN | KULA |
| CYLINDER | TRÓJKĄT |

# 5 - Adjectifs #1

```
A T R A K C Y J N Y E T Z F
K C I E N K I A I W D U P V
T U G K S U R M E Z H K I C
Y H C Q P I I B W D G J Ę H
W N F Z V Y J I I A N H K D
N O L Y C P X T N H O J N Y
Y W O V D I F N N F W U Y O
P O W O L I W Y Y P A V Y G
P C I Ę Ż K I Y K X Ż U B R
O Z E G Z O T Y C Z N Y C O
E E A B S O L U T N Y O T M
T S X J L M Ł O D Y H K T N
Ł N A R T Y S T Y C Z N Y Y
K Y A R O M A T Y C Z N Y X
```

| | |
|---|---|
| ABSOLUTNY | HOJNY |
| AKTYWNY | UCZCIWY |
| AMBITNY | WAŻNY |
| AROMATYCZNY | NIEWINNY |
| ARTYSTYCZNY | MŁODY |
| ATRAKCYJNY | POWOLI |
| PIĘKNY | CIĘŻKI |
| EGZOTYCZNY | CIENKI |
| OGROMNY | NOWOCZESNY |

# 6 - Instruments de Musique

```
J X W V Ł G P E C M S H G O
V H P U Z O N I E R M A I I
L W W U L N P F A X U R T I
M U U K B G G T I N B F A O
M N W Q A G B R Q B I A R B
A A R D N K D Ą P G S N A Ó
R F N B J B Ę B E N A S O J
I H A D O R S K R A K K K L
M V D G O F X A K P S R L A
B Y L Z O L X B U T O Z A N
A F Q Z I T I Q S C F Y R T
C B Q N Ł A F N J C O P N Z
T A M B U R Y N A K N C E J
L T A G Z Q O F L E T E T L
```

| | |
|---|---|
| BANJO | MARIMBA |
| FAGOT | PERKUSJA |
| KLARNET | PIANINO |
| FLET | SAKSOFON |
| GONG | BĘBEN |
| GITARA | TAMBURYN |
| HARFA | PUZON |
| OBÓJ | TRĄBKA |
| MANDOLINA | SKRZYPCE |

# 7 - Échecs

```
B Z A S T R A T E G I A R F
B I A Ł Y S M I S T R Z M E
D K E S L L P R P A P A V P
Q I T R A Q U K R Ó L A C R
Z T F R N D K B Y V A W G Z
R J Q A G Y Y F T B A H Y E
N H R O C M K O N K U R S C
K R Ó L O W A H Y C U T M I
U Y P R Z E K Ą T N A U W W
P U N K T Y W Z G X D R D N
W Y Z W A N I A R I T N D I
C Z A S Ł R B J A Y L I K K
R Z C Z A R N Y M G I E Z J
P O Ś W I Ę C E N I E J O Z
```

| | |
|---|---|
| PRZECIWNIK | BIERNY |
| BIAŁY | PUNKTY |
| MISTRZ | KRÓLOWA |
| KONKURS | ZASADY |
| WYZWANIA | KRÓL |
| PRZEKĄTNA | POŚWIĘCENIE |
| SPRYTNY | STRATEGIA |
| GRA | CZAS |
| GRACZ | TURNIEJ |
| CZARNY | |

# 8 - Herboristerie

```
Q  L  B  Z  X  H  S  I  C  B  B  Q  B  E
U  A  A  J  D  K  O  R  Z  Y  S  T  N  Y
U  W  Z  I  R  Q  J  K  O  M  Z  F  I  C
P  E  Y  O  G  R  Ó  D  S  M  I  P  O  B
G  N  L  U  L  O  L  B  N  A  K  Ę  M  B
E  D  I  I  K  Z  X  S  E  J  O  R  T  S
T  A  A  S  U  M  X  M  K  E  F  H  I  A
S  Y  C  G  L  A  E  S  T  R  A  G  O  N
S  D  M  J  I  R  S  K  Ł  A  D  N  I  K
M  D  Z  I  N  Y  V  W  G  N  M  Ł  F  V
A  O  Ł  R  A  N  A  I  D  E  S  W  D  B
K  P  X  O  R  N  D  A  C  K  N  C  R  D
S  C  W  J  N  N  E  T  B  Ł  J  O  E  U
Q  B  H  U  Y  J  A  K  O  Ś  Ć  K  O  P
```

CZOSNEK
BAZYLIA
KORZYSTNY
KULINARNY
ESTRAGON
KWIAT
SKŁADNIK
OGRÓD

LAWENDA
MAJERANEK
MIĘTA
JAKOŚĆ
ROZMARYN
SMAK
TYMIANEK

# 9 - Véhicules

```
Y G A Ś W S G C Ł G L P N J
A P A M F A W B Ó V G O J O
U I M I M M Z G D Ł T C K H
T K B G D O C P Ź X Z I K L
O A U Ł Q C M G O O S Ą R K
B R L O N H M H J O D G I Y
U A A W A Ó V E L D P R O M
S W N I E D S F T N O A C K
W A S E G X U O S R H K A W
B N M C I Ą G N I K O I R E
R A L O P O N Y S Y U E O R
T A X I L I H Y T R A T W A
Ł Ó D Ź P O D W O D N A E O
S I L N I K T E K Y E E R R
```

| | |
|---|---|
| AMBULANS | OPONY |
| SAMOLOT | TRATWA |
| ŁÓDŹ | SKUTER |
| AUTOBUS | ŁÓDŹ PODWODNA |
| KARAWANA | TAXI |
| PROM | CIĄGNIK |
| RAKIETA | POCIĄG |
| ŚMIGŁOWIEC | ROWER |
| METRO | SAMOCHÓD |
| SILNIK | |

# 10 - Camping

```
K  S  I  Ę  Ż  Y  C  P  K  L  P  P  G  F
A  A  J  L  N  R  E  W  P  A  O  R  Z  R
J  A  P  J  A  Y  K  Z  C  T  L  Z  W  T
A  Q  E  E  G  S  J  E  Z  A  O  Y  I  H
K  M  F  Z  L  L  S  M  C  R  W  G  E  J
P  I  O  I  I  U  Ł  Q  S  N  A  O  R  H
I  G  O  O  N  T  S  Y  P  I  N  D  Z  A
L  G  Ó  R  A  C  I  Z  R  A  I  A  Ą  M
M  N  K  O  M  P  A  S  Z  K  E  O  T  A
N  A  T  U  R  A  O  Z  Ę  A  S  K  A  K
Ł  M  P  G  C  Y  W  S  T  B  D  I  O  Y
P  I  D  A  D  X  A  O  G  I  E  Ń  X  A
S  O  I  Z  M  A  D  Ł  P  N  A  T  U  H
W  T  F  X  C  K  O  Q  G  A  N  Z  M  U
```

| | |
|---|---|
| ZWIERZĄT | OGIEŃ |
| PRZYGODA | LAS |
| KOMPAS | HAMAK |
| KABINA | OWAD |
| KAJAK | JEZIORO |
| MAPA | LATARNIA |
| KAPELUSZ | KSIĘŻYC |
| POLOWANIE | GÓRA |
| LINA | NATURA |
| SPRZĘT | NAMIOT |

# 11 - Conservation

```
B S F W Q N O E Z E C W Ś E
Z M I A N Y R U I D Y O R K
Z M N E D W G E E U K L O O
R B A T D V A J L K L O D S
Ó Z T M U L N P O A R N O Y
W I U K L J I E N C R T W S
N W R L A Q C S Y J E A I T
O O A T Ł H Z T K A C R S E
W D L K W K N Y C O Y I K M
A A N H L Y Y C K L K U O V
Ż V Y R U I U Y R U L S B R
O F U J X Y M D P V I Z I K
N T R V P U K A U S N T E K
Y Z D R O W I E T F G Q X W
```

| | |
|---|---|
| WOLONTARIUSZ | EDUKACJA |
| ZMIANY | SIEDLISKO |
| KLIMAT | NATURALNY |
| CYKL | ORGANICZNY |
| ZRÓWNOWAŻONY | PESTYCYD |
| WODA | RECYKLING |
| ŚRODOWISKO | ZDROWIE |
| EKOSYSTEM | ZIELONY |

# 12 - Écologie

```
O  S  P  O  Ł  E  C  Z  N  O  Ś  C  I  K
S  V  P  R  Z  E  T  R  W  A  N  I  E  L
S  J  K  V  K  S  K  Ó  Z  N  M  W  T  I
U  Y  M  L  V  B  G  W  S  A  V  Z  L  M
R  O  Ś  L  I  N  Y  N  U  T  S  R  B  A
F  M  F  L  O  R  A  O  S  U  E  O  V  T
A  V  O  Y  X  Z  J  W  Z  R  Ł  L  B  P
U  Ł  Q  R  H  V  X  A  A  A  P  S  A  Y
N  A  R  I  S  B  F  Ż  R  C  P  U  G  K
A  M  Q  Q  N  K  E  O  D  M  I  A  N  A
P  F  C  K  D  W  I  N  W  O  R  C  O  M
G  A  T  U  N  E  K  Y  E  C  G  P  D  U
G  Ó  R  Y  S  I  E  D  L  I  S  K  O  Z
R  Ó  Ż  N  O  R  O  D  N  O  Ś  Ć  P  Q
```

KLIMAT  
SPOŁECZNOŚCI  
RÓŻNORODNOŚĆ  
ZRÓWNOWAŻONY  
GATUNEK  
FAUNA  
FLORA  
SIEDLISKO  
BAGNO  

MORSKI  
GÓRY  
NATURA  
ROŚLINY  
ZASOBY  
SUSZA  
PRZETRWANIE  
ODMIANA

# 13 - Astronomie

```
N O B S E R W A T O R I U M
C I P S Ł O N E C Z N Y M R
K E E G A L A K T Y K A E Ó
I A L B K R V U C V O Z T W
A S T R O N A U T A S Z E N
S T K C N S C K I S M I O O
T E S S A U A I Ł O E R N
R R I R T T L P L E S M V O
O O Ę N E E D D E N T I N C
N I Ż C L L Y Ł E R E A F E
O D Y Z A I S P L A N E T A
M A C S C T E Q X C L O F A
Y S Z H J A C N Ł I M A W Ł
C M G Ł A W I C A Ł O E J A
```

| | |
|---|---|
| ASTEROIDA | KSIĘŻYC |
| ASTRONAUTA | METEOR |
| ASTRONOM | MGŁAWICA |
| NIEBO | OBSERWATORIUM |
| KONSTELACJA | PLANETA |
| KOSMOS | SATELITA |
| RÓWNONOC | SŁONECZNY |
| RAKIETA | SUPERNOWA |
| GALAKTYKA | ZIEMIA |

# 14 - Types de Cheveux

```
D  B  S  Y  M  V  X  C  C  A  L  S  K  C
H  Ł  R  Z  T  Y  F  I  A  T  O  R  F  P
I  E  U  Ą  A  V  Z  E  O  F  K  U  A  P
Z  K  S  G  Z  R  I  N  N  M  I  W  L  B
Ł  Y  S  Y  I  O  Y  K  X  Z  B  G  I  L
S  K  Ł  R  E  E  W  I  D  Q  V  E  S  O
U  R  K  A  A  Y  F  Y  Z  W  R  V  T  N
C  Ę  R  B  Ł  Y  S  Z  C  Z  Ą  C  Y  D
H  C  Ó  Z  D  R  O  W  Y  C  R  J  R  F
Y  O  T  M  I  Ę  K  K  I  Z  P  R  N  R
P  N  K  F  D  N  O  B  I  A  Ł  Y  P  X
U  E  I  U  M  Ł  E  Q  S  R  E  B  R  O
K  O  L  O  R  O  W  E  U  N  K  I  I  X
B  T  U  N  N  G  R  U  B  Y  Q  S  N  J
```

| | |
|---|---|
| SREBRO | KRĘCONE |
| BIAŁY | SZARY |
| BLOND | DŁUGIE |
| LOKI | BRĄZOWY |
| BŁYSZCZĄCY | CIENKI |
| ŁYSY | CZARNY |
| KOLOROWE | FALISTY |
| KRÓTKI | ZDROWY |
| MIĘKKI | SUCHY |
| GRUBY | |

# 15 - Restaurant #1

```
K K Y K W G H T A L E R Z R
E J A X U P W G L K E H V E
L K M W N C D R E U Q F D Z
N A Y A A C H T R R K H E E
E S O S Z F G N G C L Ł U R
R J M I Ę S O Ó I Z Z S N W
K E D M I Z T Ż A A S M R A
A R Ż Y W N O Ś Ć K I F O C
G G Ł Z P T A O M E N U O J
P I K A N T N Y I Ł D Ł V A
R Q S L O Ł D E S E R Z Q H
D D S E R W E T K A Ł H U P
C H L E B A B X A R C R J T
Y M U S K Ł A D N I K I S W
```

| | |
|---|---|
| ALERGIA | MENU |
| TALERZ | ŻYWNOŚĆ |
| MISKA | CHLEB |
| KAWA | KURCZAK |
| KASJER | REZERWACJA |
| NÓŻ | SOS |
| KUCHNIA | KELNERKA |
| DESER | SERWETKA |
| PIKANTNY | MIĘSO |
| SKŁADNIKI | |

# 16 - Mammifères

```
W  I  L  K  L  E  W  W  I  P  Ł  F  V  O
F  I  I  O  I  T  J  J  H  M  I  B  G  T
D  B  E  T  S  K  R  Ó  Ł  I  K  E  C  P
N  W  H  L  R  U  V  S  Q  X  O  P  S  X
W  I  L  O  O  W  C  E  V  N  B  Y  B  G
Ł  Q  E  G  O  R  Y  L  M  D  U  I  D  G
K  Y  L  D  G  Ż  Y  R  A  F  A  X  E  Z
Z  R  J  E  Ź  S  P  B  Ł  F  T  P  E  E
Q  B  H  L  Ł  W  X  L  P  S  Y  I  U  B
L  Y  J  F  E  D  I  K  A  N  G  U  R  R
Z  K  O  I  B  U  H  E  W  V  R  A  T  A
N  Z  X  N  S  Ł  O  Ń  D  V  Y  K  O  Ń
K  O  J  O  T  O  Ł  U  I  Ź  S  Y  K  F
K  I  N  I  F  H  Q  P  E  R  G  E  A  X
```

| | |
|---|---|
| WIELORYB | KRÓLIK |
| KOT | LEW |
| KOŃ | WILK |
| PIES | OWCE |
| KOJOT | NIEDŹWIEDŹ |
| DELFIN | LIS |
| SŁOŃ | MAŁPA |
| ŻYRAFA | BYK |
| GORYL | TYGRYS |
| KANGUR | ZEBRA |

# 17 - Sports

```
L U D R G O O H O G Y P G G
A A A D T E N I S O R Z I R
S Q T B A S E B A L L A M A
X I K L H O K E J F J R N C
E N M O E R U C H E T V A Z
F T G C S T A D I O N E Z W
O H D Z S Z A U Z Q L F J Y
T P S I P Ł Y W A Ć W Z U C
S Ę D Z I A G K E J X B M I
E V J R Z E S P Ó Ł T Ł F Ę
T R E N E R O R O W E R P Z
G I M N A S T Y K A K L H C
M I S T R Z O S T W O A Ł A
Z F K D V V Ł Q Ł W Y B H F
```

| | |
|---|---|
| SĘDZIA | GIMNASTYKA |
| ATLETA | HOKEJ |
| BASEBALL | GRA |
| KOSZYKÓWKA | GRACZ |
| MISTRZOSTWO | RUCH |
| TRENER | PŁYWAĆ |
| ZESPÓŁ | STADION |
| ZWYCIĘZCA | TENIS |
| GOLF | ROWER |
| GIMNAZJUM | |

# 18 - Chocolat

```
S M A K A K A O Q A Z X Ł D
Ł R Z P P C E G G B Y Ł Ł K
O G Q F G U Ł F C Ł I H S O
D P O P B R P M P U V M N K
K R K R O F Z T K O K U N O
I Z A O Z S K Ł A D N I K S
E E L S D K Z B K L R M E S
A P O Z X P I J A K O Ś Ć R
R I R E G Z O T Y C Z N Y I
O S I K C U K I E R E K Ł X
M L E K A R M E L H Z N V K
A Q A N T Y O K S Y D A N T
T V A Q C I G P E A O C L V
P Y S Z N Y U L U B I O N Y
```

GORZKI

ANTYOKSYDANT

AROMAT

CUKIEREK

KAKAO

KALORIE

KARMEL

PYSZNY

SŁODKIE

EGZOTYCZNY

ULUBIONY

SMAK

SKŁADNIK

KOKOS

PROSZEK

JAKOŚĆ

PRZEPIS

CUKIER

# 19 - Mathématiques

```
R N P Ł O O S F S G H P P Z
Ś Ó S Y M E T R I A D R R X
O R W H S U M A P T Q O O X
B E E N B F V K Ą T Y M S H
J Q J D O L Y C P Y G I T W
Ę V T V N L S J L I A E O Y
T W Q R E I E A M C E Ń K K
O Q B F Ó M C G L N P F Ą Ł
Ś D H T R W L A Ł P C K T A
Ć I T Ł Q V N F P O B W Ó D
K W A D R A T A D M B T K N
T R Ó J K Ą T G N O Z O V I
W I E L O K Ą T K I E W K K
D Z I E S I Ę T N Y E Q L D
```

| | |
|---|---|
| KĄTY | RÓWNOLEGŁOBOK |
| KWADRAT | WIELOKĄT |
| OBWÓD | PROMIEŃ |
| DZIESIĘTNY | PROSTOKĄT |
| ŚREDNICA | SUMA |
| WYKŁADNIK | SYMETRIA |
| RÓWNANIE | TRÓJKĄT |
| FRAKCJA | OBJĘTOŚĆ |

# 20 - Mythologie

```
Z  Q  W  Q  K  T  Z  S  S  V  R  U  L  Z
E  E  I  U  R  P  I  O  R  U  N  X  E  A
M  O  E  U  E  B  O  H  A  T  E  R  G  Z
S  I  R  Z  A  U  L  T  G  C  O  Q  E  D
T  T  Z  D  C  M  D  G  W  R  E  S  N  R
A  V  E  Z  J  X  F  D  I  Ó  Z  G  D  O
L  V  N  S  A  S  I  Ł  A  Ł  R  M  A  Ś
Ś  M  I  E  R  T  E  L  N  Y  I  O  O  Ć
Z  F  A  K  E  A  R  C  H  E  T  Y  P  T
K  U  L  T  U  R  A  C  B  W  W  O  H  K
W  O  J  O  W  N  I  K  V  M  G  O  J  N
L  A  B  I  R  Y  N  T  D  I  L  P  S  Y
M  X  X  Ł  B  O  H  A  T  E  R  K  A  K
Z  A  C  H  O  W  A  N  I  E  Q  I  Ł  Z
```

| | |
|---|---|
| ARCHETYP | BOHATER |
| ZACHOWANIE | ZAZDROŚĆ |
| KREACJA | LABIRYNT |
| WIERZENIA | LEGENDA |
| KULTURA | POTWÓR |
| PIORUN | ŚMIERTELNY |
| SIŁA | GRZMOT |
| WOJOWNIK | ZEMSTA |
| BOHATERKA | |

# 21 - Restaurant #2

```
M  T  H  N  F  Z  F  V  L  Z  I  K  W  Q
A  S  Ó  L  A  U  E  G  X  V  D  R  A  L
K  O  J  S  Z  P  Y  C  G  R  A  Z  R  W
A  E  Ł  I  M  A  Ó  B  W  G  B  E  Z  I
R  P  L  G  X  W  U  J  O  V  L  S  Y  D
O  R  Y  N  O  B  I  A  D  P  Ó  Ł  W  E
N  Z  C  M  E  I  W  Ł  A  J  D  O  A  L
W  Y  U  W  P  R  Z  Y  P  R  A  W  Y  E
M  S  W  D  Y  T  Ł  Ż  I  Y  K  J  J  C
W  T  V  K  S  Ł  N  K  B  B  Y  Q  A  I
H  A  E  W  Z  Ł  S  A  Ł  A  T  K  A  A
J  W  C  O  N  L  Z  C  J  M  Ł  V  D  S
J  K  Y  Q  Y  B  C  Z  O  W  O  C  H  T
S  A  E  M  T  K  Y  G  H  G  Y  F  C  O
```

| | |
|---|---|
| PRZYSTAWKA | CIASTO |
| NAPÓJ | LÓD |
| KRZESŁO | WARZYWA |
| ŁYŻKA | MAKARON |
| PYSZNY | JAJA |
| OBIAD | RYBA |
| WODA | SAŁATKA |
| PRZYPRAWY | SÓL |
| WIDELEC | KELNER |
| OWOC | ZUPA |

# 22 - Couleurs

```
C  Z  E  R  W  O  N  Y  I  D  K  U  O  S
F  B  Ł  G  Ó  Ł  F  L  Q  N  W  Y  X  Z
U  I  N  W  R  Ż  I  S  O  I  D  X  M  A
K  A  Q  P  C  Ó  O  B  C  E  O  Y  A  R
S  Ł  F  Y  Y  Ł  L  W  B  B  I  L  G  Y
J  Y  T  V  Q  T  E  L  Y  I  E  D  E  O
A  P  L  S  N  Y  T  P  I  E  Q  O  N  C
B  P  X  T  C  G  O  E  X  S  X  U  T  Z
C  Y  J  A  N  E  W  O  H  K  C  G  A  A
C  U  G  I  Z  Y  Y  Z  I  D  K  C  R
L  A  Z  U  R  Z  I  E  L  O  N  Y  Ł  N
I  M  P  O  M  A  R  A  Ń  C  Z  O  W  Y
B  R  Ą  Z  O  W  Y  S  E  P  I  A  Y  V
P  F  L  R  B  E  Ż  O  W  Y  M  B  I  L
```

| | |
|---|---|
| LAZUR | MAGENTA |
| BEŻOWY | BRĄZOWY |
| BIAŁY | CZARNY |
| NIEBIESKI | POMARAŃCZOWY |
| CYJAN | RÓŻOWY |
| FUKSJA | CZERWONY |
| SZARY | SEPIA |
| INDYGO | ZIELONY |
| ŻÓŁTY | FIOLETOWY |

# 23 - Avions

```
W  W  J  V  R  H  N  V  X  R  V  Z  J  Q
P  Y  G  P  A  L  I  W  O  X  U  C  X  T
Z  I  S  W  M  S  E  S  B  U  D  O  W  A
Z  G  L  O  W  Z  B  H  T  G  N  Ł  P  Z
E  B  P  O  K  B  O  N  I  O  D  T  Q  A
J  L  N  A  T  O  L  Z  O  W  R  Y  O  Ł
Ś  M  I  G  Ł  A  Ś  O  Y  O  S  I  B  O
C  E  D  U  U  R  X  Ć  Ł  N  I  W  A  G
I  P  O  W  I  E  T  R  Z  E  L  O  L  A
E  L  Ą  D  O  W  A  N  I  E  N  D  O  Q
A  T  M  O  S  F  E  R  A  B  I  Ó  N  R
B  M  R  K  I  E  R  U  N  E  K  R  E  P
Ł  N  N  A  D  M  U  C  H  A  Ć  J  U  J
D  M  F  C  L  P  A  S  A  Ż  E  R  R  L
```

| | |
|---|---|
| POWIETRZE | ZAŁOGA |
| ATMOSFERA | NADMUCHAĆ |
| LĄDOWANIE | WYSOKOŚĆ |
| BALON | ŚMIGŁA |
| PALIWO | HISTORIA |
| NIEBO | WODÓR |
| BUDOWA | SILNIK |
| ZEJŚCIE | PASAŻER |
| KIERUNEK | PILOT |

# 24 - Aventure

```
N O W Y O K A Z J A P R M W
P O D R Ó Ż E V R U R A Z Y
T R U D N O Ś Ć Z T Z D A Z
K Q R F V A V S T B Y O S W
J A C U D D C W D H J Ś K A
S N A W I G A C J A A Ć A N
Z N L B N R X M V Z C O K I
A F T V R Q N I R H I D U A
N A T U R A Q L I F E W J P
S E N T U Z J A Z M L A Ą I
A W Y C I E C Z K A E G C Ę
N I E Z W Y K Ł Y N X A Y K
N I E B E Z P I E C Z N Y N
P R Z Y G O T O W A N I E O
```

PRZYJACIELE           NIEZWYKŁY
PIĘKNO                RADOŚĆ
ODWAGA                NATURA
SZANSA                NAWIGACJA
NIEBEZPIECZNY         NOWY
WYZWANIA              OKAZJA
TRUDNOŚĆ              PRZYGOTOWANIE
ENTUZJAZM             ZASKAKUJĄCY
WYCIECZKA             PODRÓŻE

# 25 - Ville

```
N  I  Ł  B  I  B  L  I  O  T  E  K  A  Ł
L  B  A  N  K  T  G  V  O  L  E  O  A  B
S  U  P  E  R  M  A  R  K  E  T  A  Ł  D
S  T  T  W  E  B  L  P  I  S  Y  F  T  G
K  Z  E  Ł  Z  M  E  V  N  Q  E  S  Y  R
S  K  K  U  O  W  R  N  O  I  P  S  R  F
I  W  A  O  X  I  M  U  Z  E  U  M  L
Ę  I  S  Z  Ł  B  A  R  Y  N  E  K  K  O
G  A  T  X  D  A  I  T  H  S  Q  Y  L  T
A  C  A  H  P  N  S  W  D  Y  M  W  I  N
R  I  D  O  V  U  N  B  T  B  C  C  N  I
N  A  I  T  C  G  Z  S  D  I  C  H  I  S
I  R  O  E  M  J  U  F  M  R  T  M  K  K
A  Z  N  L  P  I  E  K  A  R  N  I  A  O
```

| | |
|---|---|
| LOTNISKO | HOTEL |
| BANK | KSIĘGARNIA |
| BIBLIOTEKA | RYNEK |
| PIEKARNIA | MUZEUM |
| KINO | APTEKA |
| KLINIKA | STADION |
| SZKOŁA | SUPERMARKET |
| KWIACIARZ | TEATR |
| GALERIA | ZOO |

# 26 - Cuisine

```
Q V Z I I P R Z E P I S G P
S G P A Ł E C Z K I G D Ą I
M Y N R O Y U X W O R P B E
H T O R E X W D B D I B K K
C Z A J N I K I S Z L L A A
W H L K J M Ł U E B L W U R
E I O P R Z Y P R A W Y T N
A Ł D C I P Ż Y W N O Ś Ć I
S M Ó E H Z K P E E O O T K
T I W G L L I G T K F Ż P Y
C S K T P C A B K A G S E U
O K A O G X E F A R T U C H
Z A M R A Ż A R K A Y J X A
L K Y O S Ł O I K U B K I W
```

PAŁECZKI
MISKA
CZAJNIK
ZAMRAŻARKA
NOŻE
DZBANEK
ŁYŻKI
PRZYPRAWY
GĄBKA
PIEKARNIK

WIDELCE
GRILL
CHOCHLA
ŻYWNOŚĆ
SŁOIK
PRZEPIS
LODÓWKA
SERWETKA
FARTUCH
KUBKI

# 27 - Corps Humain

```
J  Z  U  E  J  P  O  D  B  R  Ó  D  E  K
M  H  S  X  Ę  C  V  W  L  G  X  B  R  R
Ó  F  T  U  Z  B  K  H  L  L  Ł  G  M  E
Z  G  A  O  Y  T  W  A  R  Z  L  O  R  W
G  Ż  U  G  K  O  L  A  N  O  B  G  W  T
N  O  S  C  Q  I  S  Z  C  Z  Ę  K  A  A
A  Ł  Z  X  H  V  W  E  B  Z  S  R  D  M
F  Ą  Y  X  Ł  O  K  I  E  Ć  E  C  E  U
U  D  J  C  P  A  L  E  C  B  R  Ę  K  A
O  E  A  S  X  J  Y  H  A  P  C  U  O  A
O  K  C  U  K  R  Z  K  J  S  E  S  S  J
A  E  S  B  Y  Ó  Ł  Z  R  R  H  J  T  U
R  A  M  I  Ę  B  R  N  B  K  X  L  K  P
Ł  F  N  T  T  H  Z  A  N  F  H  W  A  T
```

| | |
|---|---|
| USTA | JĘZYK |
| MÓZG | RĘKA |
| KOSTKA | SZCZĘKA |
| SZYJA | PODBRÓDEK |
| ŁOKIEĆ | NOS |
| SERCE | UCHO |
| PALEC | SKÓRA |
| ŻOŁĄDEK | KREW |
| RAMIĘ | GŁOWA |
| KOLANO | TWARZ |

# 28 - Épices

```
W A N I L I A P S K X K K R
Y S G K A R D A M O N M O M
C Z O S N E K P A P H I Z Z
U A R Ó Y T C R K E F N I B
R F Z L Ż P X Y O R N E E K
R R K S K P Z K L W T K R B
Y A I J O Q O A I Ł I L A U
P N T C L P T R J O M U D Y
S Y P I E P R Z V S B K K S
W W T R N B X G X K I R A P
J K R R D O U D L I R E Y Y
B I W M R K Z L W V Z C L L
S O K W A Ś N Y A B R J E V
C Y N A M O N U M T Z A H M
```

| | |
|---|---|
| KWAŚNY | KOZIERADKA |
| CZOSNEK | IMBIR |
| GORZKI | CEBULA |
| ANYŻ | PAPRYKA |
| CYNAMON | PIEPRZ |
| KARDAMON | LUKRECJA |
| KOLENDRA | SZAFRAN |
| KMINEK | SMAK |
| CURRY | SÓL |
| KOPER WŁOSKI | WANILIA |

# 29 - Science

```
S  A  L  D  C  C  L  S  F  B  O  G  H  E
K  T  N  A  R  R  M  E  U  A  F  J  I  K
A  O  U  N  B  C  O  H  Ł  Z  K  B  P  S
M  M  R  E  W  O  L  U  C  J  A  T  O  P
I  I  P  H  W  R  R  V  G  Y  O  K  T  E
E  N  O  N  Z  G  M  A  C  L  G  E  E  R
N  E  U  M  D  A  V  N  T  A  S  F  Z  Y
I  R  N  U  B  N  X  S  J  O  T  Z  A  M
A  A  A  W  F  I  Z  Y  K  A  R  U  X  E
Ł  Ł  T  U  C  Z  Ą  S  T  K  I  I  H  N
O  Y  U  I  O  M  E  T  O  D  A  D  U  T
Ś  R  R  G  R  A  W  I  T  A  C  J  A  M
Ć  O  A  C  H  E  M  I  C  Z  N  Y  N  A
K  L  I  M  A  T  I  B  P  E  S  D  X  D
```

ATOM
CHEMICZNY
KLIMAT
DANE
EKSPERYMENT
EWOLUCJA
FAKT
SKAMIENIAŁOŚĆ
GRAWITACJA

HIPOTEZA
LABORATORIUM
METODA
MINERAŁY
NATURA
ORGANIZM
CZĄSTKI
FIZYKA

# 30 - Chats

```
N  I  E  Ś  M  I  A  Ł  Y  S  B  I  P  C
M  N  I  E  Z  A  L  E  Ż  N  Y  P  N  I
Y  K  K  B  Z  D  N  T  M  K  H  C  B  E
S  R  L  C  Q  P  C  Z  F  V  A  F  Ł  K
Z  Q  R  Q  O  Z  A  B  A  W  N  Y  M  A
K  E  F  U  T  R  O  Z  Ł  A  P  A  A  W
P  R  Z  Ę  D  Z  A  A  U  K  A  Y  Ł  Y
S  F  C  D  J  Ł  T  N  O  R  X  Ł  Y  M
X  L  S  Z  A  L  O  N  Y  G  Y  A  R  Y
G  H  E  I  U  T  W  N  Z  S  O  G  I  Ś
G  Ł  N  K  H  Ł  C  I  V  O  Z  N  L  L
G  M  Z  I  S  Z  Y  B  K  I  X  E  W  I
O  S  O  B  O  W  O  Ś  Ć  U  J  F  Q  W
F  I  G  L  A  R  N  Y  H  L  W  G  H  Y
```

CZUŁY
MYŚLIWY
CIEKAWY
SEN
ZABAWNY
FIGLARNY
PRZĘDZA
SZALONY
FUTRO
PAZUR

NIEZALEŻNY
ŁAPA
OSOBOWOŚĆ
MAŁY
OGON
SZYBKI
DZIKI
MYSZ
NIEŚMIAŁY

# 31 - Vêtements

```
S P O D N I E A M K G U B K
N N R X Y L A T O U B X L O
A S G O O I Q S D R Z P U S
S P Ó D N I C A A T R Ł Z Z
Z U S T Ł Z B N L K B A A U
Y P K W C Z S D D A V S F L
J E I I E S Z A L I K Z A A
N D L Ż E T L Ł N I U C R D
I V J K A N E Y S I J Z T Ż
K X R L N M K R B B Y B U I
X O C K V P A A U D Z H C N
B R A N S O L E T K A P H S
R Ę K A W I C Z K I P A W Y
W K A P E L U S Z I W S M X
```

| | |
|---|---|
| BRANSOLETKA | SPÓDNICA |
| PAS | PŁASZCZ |
| KAPELUSZ | MODA |
| BUT | SPODNIE |
| KOSZULA | SWETER |
| BLUZA | PIŻAMA |
| NASZYJNIK | SUKIENKA |
| SZALIK | SANDAŁY |
| RĘKAWICZKI | FARTUCH |
| DŻINSY | KURTKA |

# 32 - Arts Visuels

```
G R L A K I E R A F G H W P
M L Z H P U I I D O A K O E
W C I E S H I A C T R R S R
K S J N Ź M B R J O N E K S
O Z X D A B I T H G C A R P
M T F B U X A Y S R A T E E
P A I N F J H S Q A R Y D K
O L L P P F Z T G F S W A T
Z U M A L Y U A Q I T N C Y
Y G C E R A M I K A W O N W
C A G Y E S H Z Z R O Ś N A
J O Ł P O R T R E T E Ć S Z
A D Y D O Ł Ó W E K G Ł J N
A F S A D Ł U G O P I S E O
```

| | |
|---|---|
| GLINA | FILM |
| ARTYSTA | MALARSTWO |
| CERAMIKA | PERSPEKTYWA |
| SZTALUGA | FOTOGRAFIA |
| WOSK | PORTRET |
| KOMPOZYCJA | GARNCARSTWO |
| KREDA | RZEŹBA |
| OŁÓWEK | DŁUGOPIS |
| KREATYWNOŚĆ | LAKIER |

# 33 - Méditation

```
O O U C J V W Z P S G W N A
O B R R H E A Q S P H D A Y
V M U Z Y K A F Y O D Z W Ż
S R C D Q H I P C K A I Y Y
O E H J Z T V Q H Ó P Ę K C
D M E R G I F U I J O C I Z
D P O K Ó J Ć W C A S Z H L
E M O C J E Y A Z V T N T I
C N A T U R A G N S A O P W
H C I S Z A O A Y Z W Ś X O
O B S E R W A C J A A Ć E Ś
W P R Z E J R Z Y S T O Ś Ć
Y P E R S P E K T Y W A I S
W S P Ó Ł C Z U C I E U Y F
```

UWAGA
SPOKÓJ
PRZEJRZYSTOŚĆ
WSPÓŁCZUCIE
EMOCJE
OBUDZIĆ
ŻYCZLIWOŚĆ
WDZIĘCZNOŚĆ
NAWYKI
PSYCHICZNY

RUCH
MUZYKA
NATURA
OBSERWACJA
POKÓJ
PERSPEKTYWA
POSTAWA
ODDECHOWY
CISZA

# 34 - Littérature

```
R V E J L O W F X J T W V R
P O E T Y C K I I P Q U F G
H J P T J M L D T K F L C C
P O R Ó W N A N I E C E M Y
O P Y T N T N B S A C J C A
W I M R I N A I M T L C A N
I S N A O A L O E E Y O Y E
E A R G S R O G T M L L G G
Ś N B E E R G R A A H C N D
Ć A E D K A I A F T G Ł B O
I L U I O T A F O O M O R T
X I I A V O Y I R S G P Y A
G Z M N O R O A A X X P T O
T A U T O R W I E R S Z M H
```

| | |
|---|---|
| ANALOGIA | METAFORA |
| ANALIZA | NARRATOR |
| ANEGDOTA | WIERSZ |
| AUTOR | POETYCKI |
| BIOGRAFIA | RYM |
| PORÓWNANIE | POWIEŚĆ |
| WNIOSEK | RYTM |
| OPIS | STYL |
| DIALOG | TEMAT |
| FIKCJA | TRAGEDIA |

# 35 - Nourriture #1

```
R  Z  E  P  A  F  T  M  C  M  Z  I  Y  B
M  H  G  G  K  M  U  Z  L  W  N  U  R  Z
E  B  R  T  J  Z  Ń  Ł  Ł  E  Ł  F  P  S
Q  Z  U  M  R  O  C  C  V  C  K  A  W  A
E  M  S  Ó  L  K  Z  G  Y  W  Z  O  O  Ł
O  E  Z  W  Ł  T  Y  J  B  N  M  M  V  A
C  U  K  I  E  R  K  Ę  A  S  A  Z  E  T
Z  C  A  C  N  U  P  C  Z  Z  R  M  S  K
O  E  H  Y  V  S  D  Z  Y  P  C  I  O  A
S  B  Y  T  R  K  L  M  L  I  H  Ę  K  N
N  U  W  R  E  A  N  I  I  N  E  S  N  H
E  L  Y  Y  D  W  N  E  A  A  W  O  Ł  E
K  A  J  N  Y  K  N  Ń  Q  K  K  Z  M  K
G  E  R  A  P  A  V  U  Ł  H  A  R  H  V
```

| | |
|---|---|
| CZOSNEK | RZEPA |
| BAZYLIA | CEBULA |
| KAWA | JĘCZMIEŃ |
| CYNAMON | GRUSZKA |
| MARCHEWKA | SAŁATKA |
| CYTRYNA | SÓL |
| SZPINAK | ZUPA |
| TRUSKAWKA | CUKIER |
| SOK | TUŃCZYK |
| MLEKO | MIĘSO |

# 36 - Jours et Mois

```
A W N I E D Z I E L A S A M
M A R S Z T Ł M U H M O H K
U F C Z E R W I E C W B H J
P I Ą T E K R E J M O O D B
W P Z K N A X S X G Y T N U
Ś R O D A P S I Z I V A S V
W C T F T L I Ą I J Ł C T L
R Z Y K W I E C I E Ń X Y I
Z W D H T P R N L U T Y C S
E A Z A O I P J D Q Ł C Z T
S R I L R E I N Ł A P P E O
I T E D E C E Y E E R Z Ń P
E E Ń F K F Ń X I Z D Z P A
Ń K P A Ź D Z I E R N I K D
```

SIERPIEŃ          MARSZ
KWIECIEŃ          ŚRODA
KALENDARZ         MIESIĄC
NIEDZIELA         LISTOPAD
LUTY              PAŹDZIERNIK
STYCZEŃ           SOBOTA
CZWARTEK          TYDZIEŃ
LIPIEC            WRZESIEŃ
CZERWIEC          PIĄTEK
WTOREK

# 37 - Championnat

```
W Y M I S T R Z C U T Q H W
Y E A I M F U Z J K U D S Y
U T L H S Ę D Z I A R A J T
C S T R A T E G I A N Ł S R
D T Ł M M G R Y O M I X W Z
Z R L I G A M Z Q T E W Y Y
Z E S P Ó Ł E Q O S J K D M
W N X G L P D I T S G H A A
L E J F I N A L I S T A J Ł
P R G Ł W C L H D P S W N O
O D D Y C H A Ć E O U R O Ś
M O T Y W A C J A R P X Ś Ć
U A Z W Y C I Ę S T W O Ć P
H V V Y E Y Ł O R Y J Y T W
```

| | |
|---|---|
| MISTRZ | MEDAL |
| MISTRZOSTWO | MOTYWACJA |
| WYTRZYMAŁOŚĆ | WYDAJNOŚĆ |
| TRENER | ODDYCHAĆ |
| ZESPÓŁ | SPORTY |
| FINALISTA | STRATEGIA |
| GRY | TURNIEJ |
| SĘDZIA | POT |
| LIGA | ZWYCIĘSTWO |

# 38 - Pirates

```
G D Z O X B L A S C H N R D
J A B Ł W L R U M J J Z S C
A K V G Y I F O X U I I K P
S U Q R S Z L E G E N D A L
K E S G P N A V G V U K R A
I D P K A A G S M V T O B Ż
N L M A H Ł A W J Y B M J A
I G L P R Z Y G O D A P M P
A U M I E C Z P Ł I R A A J
A K O T W I C A A M W S P V
P W I A D W U I Ł P F T A X
Q M O N E T Y V F O U Z S X
Q G J L H C I O S B G G H Y
Z Ł O T O C E A N C S A A G
```

| | |
|---|---|
| KOTWICA | WYSPA |
| PRZYGODA | LEGENDA |
| KOMPAS | ZŁY |
| KAPITAN | OCEAN |
| MAPA | ZŁOTO |
| BLIZNA | PAPUGA |
| FLAGA | MONETY |
| MIECZ | PLAŻA |
| ZAŁOGA | RUM |
| JASKINIA | SKARB |

# 39 - Activités

```
S  R  T  O  G  R  O  D  N  I  C  T  W  O
M  Z  F  A  Ł  V  G  Y  Q  Z  E  C  F  G
A  L  T  O  N  A  R  I  D  A  R  Z  P  B
G  L  E  U  T  I  Y  I  Z  G  A  Y  R  Q
I  U  W  D  K  O  E  G  I  A  M  T  Z  G
A  B  S  D  E  A  G  C  A  D  I  A  Y  P
I  S  Z  Y  C  I  E  R  Ł  K  K  N  J  O
W  Ę  D  R  Ó  W  K  I  A  I  A  I  E  L
R  E  L  A  K  S  E  S  L  F  P  E  M  O
K  E  M  P  I  N  G  X  N  N  I  H  N  W
Y  O  P  R  Z  E  M  I  O  S  Ł  A  O  A
W  F  L  B  C  Q  T  H  Ś  B  G  Ł  Ś  N
U  A  Z  W  Z  X  Q  W  Ć  D  U  V  Ć  I
W  Y  P  O  C  Z  Y  N  E  K  A  T  T  E
```

DZIAŁALNOŚĆ
SZTUKA
RZEMIOSŁA
KEMPING
CERAMIKA
POLOWANIE
SZYCIE
TANIEC
OGRODNICTWO

GRY
CZYTANIE
WYPOCZYNEK
MAGIA
FOTOGRAFIA
PRZYJEMNOŚĆ
ZAGADKI
WĘDRÓWKI
RELAKS

# 40 - Fleurs

```
S  Z  D  B  V  D  L  K  O  V  I  J  H  Z
J  S  X  J  E  G  I  O  R  Ó  Ż  A  T  M
P  Ż  C  Z  V  J  L  N  C  L  I  L  I  A
G  L  O  Ł  J  D  I  I  H  P  P  H  S  G
D  A  U  N  F  N  O  C  I  I  Ł  I  Ł  N
Q  N  R  M  K  F  W  Z  D  W  A  B  O  O
W  Z  O  D  E  I  Y  Y  E  O  T  I  N  L
D  U  L  T  E  R  L  N  A  N  E  S  E  I
X  A  R  L  S  N  I  A  D  I  K  K  C  A
B  U  K  I  E  T  I  A  Z  A  L  U  Z  I
L  V  Z  W  E  J  M  A  K  V  J  S  N  B
L  A  W  E  N  D  A  Q  J  A  Ś  M  I  N
A  B  V  L  B  S  T  O  K  R  O  T  K  A
P  A  S  S  I  O  N  F  L  O  W  E  R  Ł
```

| | |
|---|---|
| BUKIET | ORCHIDEA |
| GARDENIA | PASSIONFLOWER |
| HIBISKUS | MAK |
| JAŚMIN | PŁATEK |
| ŻONKIL | PIWONIA |
| LAWENDA | PLUMERIA |
| LILIOWY | RÓŻA |
| LILIA | SŁONECZNIK |
| MAGNOLIA | KONICZYNA |
| STOKROTKA | |

# 41 - Nourriture #2

```
G T P Q P W J C H L E B L D
R E S P O M I D O R W R N U
Z H Z M I G D A Ł I I O X X
Y W E I Ł Ł P A Z H Ś K R X
B W N K Z C E I X G N U Y B
V W I N O G R O N O I Ł Ż A
E I C J A B Ł K O V A Y K K
S M A N G O J A J K O J X Ł
C Z R G S E L E R U I B C A
M R Y N C O E U C R R W Q Ż
N N B N B A N A N C A H I A
V U A E K F B Y N Z K O F N
B F V K L A N W X A M S P P
C Z E K O L A D A K P H H A
```

| | |
|---|---|
| MIGDAŁ | KIWI |
| BAKŁAŻAN | MANGO |
| BANAN | JAJKO |
| PSZENICA | CHLEB |
| BROKUŁY | RYBA |
| WIŚNIA | JABŁKO |
| SELER | KURCZAK |
| GRZYB | WINOGRONO |
| CZEKOLADA | RYŻ |
| SZYNKA | POMIDOR |

# 42 - Océan

```
W  K  O  R  A  L  M  E  D  U  Z  A  V  W
F  R  O  O  Y  P  H  S  R  E  K  I  N  T
J  E  S  G  Ą  B  K  A  D  Q  L  X  L  K
Z  W  I  E  L  O  R  Y  B  Z  Z  F  N  I
O  E  Ż  W  U  A  W  H  U  B  D  I  I  C
Ł  T  Ó  O  Ś  M  I  O  R  N  I  C  A  N
T  K  Ł  D  T  W  S  W  Z  K  R  A  B  F
J  A  W  O  S  U  Ę  R  A  F  A  P  B  A
W  C  I  R  H  C  Ń  G  Ł  S  L  B  K  L
C  X  Ł  O  P  L  P  C  O  J  M  Z  A  E
T  J  Y  S  Ó  L  H  G  Z  R  Ł  Ó  D  Ź
I  O  S  T  R  Y  G  A  Y  Y  Z  V  G  O
Z  W  J  K  M  R  A  K  U  B  K  S  S  G
I  P  C  A  E  B  M  A  U  A  C  C  O  A
```

| | |
|---|---|
| WODOROST | MEDUZA |
| WĘGORZ | RYBA |
| WIELORYB | OŚMIORNICA |
| ŁÓDŹ | REKIN |
| KORAL | RAFA |
| KRAB | SÓL |
| KREWETKA | BURZA |
| DELFIN | TUŃCZYK |
| GĄBKA | ŻÓŁW |
| OSTRYGA | FALE |

# 43 - Remplir

```
O  B  Ł  G  G  V  R  B  K  C  W  S  W  H
T  A  G  E  C  M  C  U  X  W  A  K  A  D
C  S  Ł  O  I  K  R  X  R  Q  L  R  Z  S
E  E  S  K  F  T  O  R  B  A  I  Z  O  P
R  N  Q  O  O  D  A  Ł  K  N  Z  Y  N  P
J  X  H  S  L  P  P  C  I  I  K  N  F  U
L  U  P  Z  D  A  E  U  A  M  A  I  O  D
R  T  Y  L  E  K  A  R  T  O  N  A  S  E
Z  Q  Ł  I  R  I  L  M  T  T  I  J  S  Ł
Ł  P  G  W  K  E  L  G  R  A  S  Z  J  K
S  Ł  O  U  C  T  K  I  E  S  Z  E  Ń  O
Ł  Ł  I  D  N  A  C  Z  Y  N  I  E  H  F
S  Z  U  F  L  A  D  A  W  I  A  D  R  O
B  E  C  Z  K  A  B  U  T  E  L  K  A  Y
```

| | |
|---|---|
| BECZKA | PAKIET |
| BASEN | TACA |
| PUDEŁKO | KIESZEŃ |
| BUTELKA | SŁOIK |
| SKRZYNIA | TORBA |
| KARTON | WIADRO |
| FOLDER | SZUFLADA |
| KOPERTA | RURA |
| NACZYNIE | WALIZKA |
| KOSZ | WAZON |

# 44 - Ballet

```
B A L E R I N A B E J H Ł K
T W M I Ę Ś N I E P K P P O
E M Y W D Z I Ę C Z N Y U M
C H O R E O G R A F I A B P
H A E Y A Z A G J S T Y L O
N S M T Q Z A G H R F F I Z
I X V M D O I E C J C R C Y
K R L O K L A S K I O Ł Z T
A L P R Ó B A T T C L T N O
O R K I E S T R A Y R S O R
F H I N T E N S Y W N O Ś Ć
A R T Y S T Y C Z N Y L Ć O
U M I E J Ę T N O Ś Ć O K U
T A N C E R Z E M U Z Y K A
```

| | |
|---|---|
| OKLASKI | INTENSYWNOŚĆ |
| ARTYSTYCZNY | MIĘŚNIE |
| BALERINA | MUZYKA |
| CHOREOGRAFIA | ORKIESTRA |
| UMIEJĘTNOŚĆ | PUBLICZNOŚĆ |
| KOMPOZYTOR | PRÓBA |
| TANCERZE | RYTM |
| WYRAZISTY | SOLO |
| GEST | STYL |
| WDZIĘCZNY | TECHNIKA |

# 45 - Fruit

```
A  M  J  C  S  K  R  Ł  U  X  G  M  D  J
N  M  A  A  W  O  K  A  D  O  U  O  T  P
A  E  G  N  B  P  A  P  A  J  A  R  D  O
N  L  O  Ł  G  Ł  U  F  A  L  W  E  N  M
A  O  D  C  R  O  K  R  N  V  A  L  E  A
S  N  A  Y  U  Q  E  O  M  G  B  A  K  R
M  I  D  T  S  G  Z  V  B  S  A  Q  T  A
A  W  B  R  Z  O  S  K  W  I  N  I  A  Ń
L  I  Y  Y  K  Y  F  F  Ł  Q  A  Q  R  C
I  Ś  G  N  A  M  Y  I  F  J  N  A  Y  Z
N  N  K  A  Z  Q  B  G  C  J  Q  Y  N  O
A  I  B  I  Y  J  Q  A  Y  I  A  L  A  W
C  A  B  Y  W  I  N  O  G  R  O  N  O  Y
V  K  O  B  K  I  G  Q  W  N  K  I  F  O
```

| | |
|---|---|
| MORELA | KIWI |
| ANANAS | MANGO |
| AWOKADO | MELON |
| JAGODA | NEKTARYNA |
| BANAN | POMARAŃCZOWY |
| WIŚNIA | PAPAJA |
| CYTRYNA | BRZOSKWINIA |
| FIGA | GRUSZKA |
| MALINA | JABŁKO |
| GUAWA | WINOGRONO |

# 46 - Surf

```
S  Ł  C  O  Z  A  B  A  W  A  A  T  A  P
T  K  E  C  E  M  W  J  X  P  H  Ż  T  O
Y  T  R  E  I  W  I  O  S  Ł  O  O  L  C
L  Ł  F  A  Q  T  P  S  I  Ł  A  Ł  E  Z
Q  U  N  N  J  Y  N  P  T  Q  V  Ą  T  Ą
C  M  U  M  K  N  A  L  Ł  R  M  D  A  T
J  Y  X  T  P  U  Y  A  P  Y  Z  E  R  K
E  W  J  O  N  X  X  Ż  V  B  W  K  D  U
K  M  P  O  G  O  D  A  X  D  H  A  Q  J
B  K  I  E  P  P  R  Ę  D  K  O  Ś  Ć  Ą
L  V  A  E  N  Z  N  O  V  V  R  H  M  C
E  P  N  M  O  P  O  P  U  L  A  R  N  Y
U  D  K  V  P  O  X  V  H  U  F  A  L  A
Z  X  A  Ł  E  I  Z  Q  I  M  A  V  E  E
```

ZABAWA
ATLETA
MISTRZ
POCZĄTKUJĄCY
ŻOŁĄDEK
SKRAJNY
SIŁA
TŁUMY
POGODA
PIANKA

PŁYWAĆ
OCEAN
WIOSŁO
PLAŻA
POPULARNY
RAFA
STYL
FALA
PRĘDKOŚĆ

# 47 - Technologie

```
W  G  F  W  B  U  Y  P  C  S  D  D  S  A
I  W  N  Y  S  L  U  E  Z  T  K  A  F  T
R  Q  M  Ś  T  B  O  E  C  A  O  W  N  Ł
U  H  T  W  W  G  G  I  T  M  E  N  E
S  Z  P  I  I  L  L  T  O  Y  P  D  U  Y
I  N  T  E  R  N  E  T  N  S  U  B  B  Z
B  N  Z  T  P  L  I  K  T  T  G  L  C
A  Q  L  L  U  F  S  R  A  Y  E  B  Q  G
D  A  G  A  A  V  K  Z  Ł  K  R  Z  X  Y
A  K  Z  C  L  L  Z  E  B  A  J  T  Y  Ł
N  K  I  Z  N  Q  Ł  W  S  E  K  R  A  N
I  C  K  Ł  Y  V  K  A  M  E  R  A  K  B
A  P  P  R  Z  E  G  L  Ą  D  A  R  K  A
C  Y  F  R  O  W  Y  K  U  R  S  O  R  W
```

| | |
|---|---|
| WYŚWIETLACZ | CYFROWY |
| BLOG | BAJTY |
| KAMERA | KOMPUTER |
| KURSOR | CZCIONKA |
| DANE | BADANIA |
| EKRAN | STATYSTYKA |
| PLIK | WIRTUALNY |
| INTERNET | WIRUS |
| PRZEGLĄDARKA | |

# 48 - Comédie

```
I  Q  W  O  Ł  W  R  J  R  U  N  P  Z  T
Z  M  W  Y  R  A  Z  I  S  T  Y  A  A  E
H  A  P  O  D  U  F  K  V  Q  Ś  R  B  L
I  U  B  R  F  Y  Y  P  A  R  M  O  A  E
K  O  M  A  O  K  L  A  S  K  I  D  W  W
T  V  Ł  O  W  W  Z  Q  H  S  E  I  A  I
K  U  C  E  R  N  I  U  A  D  C  A  D  Z
A  E  D  H  C  P  Y  Z  C  H  H  X  O  J
W  A  W  O  I  J  K  L  A  U  N  Ó  W  A
G  A  T  U  N  E  K  C  K  C  R  B  C  F
A  K  T  O  R  K  A  M  T  Q  J  J  I  E
P  U  B  L  I  C  Z  N  O  Ś  Ć  A  P  Y
S  P  R  Y  T  N  Y  E  R  C  P  P  Y  I
F  T  E  A  T  R  W  A  V  F  R  E  M  K
```

| | |
|---|---|
| AKTOR | HUMOR |
| AKTORKA | IMPROWIZACJA |
| ZABAWA | SPRYTNY |
| OKLASKI | PARODIA |
| DOWCIPY | PUBLICZNOŚĆ |
| KLAUNÓW | ŚMIECH |
| ZABAWNY | TELEWIZJA |
| WYRAZISTY | TEATR |
| GATUNEK | |

# 49 - Météo

```
B  X  Ł  C  X  S  M  M  R  R  A  K  T  S
R  U  L  O  E  P  O  L  A  R  N  Y  Ę  U
Y  T  R  Ó  E  O  N  F  T  N  N  F  C  S
Z  E  M  Z  D  K  S  I  Q  S  F  Z  Z  Z
A  M  G  Ł  A  Ó  U  G  E  O  U  S  A  A
T  P  Ł  L  Ł  J  N  Q  T  B  T  U  C  I
M  E  A  X  S  M  K  M  R  D  O  C  B  R
O  R  E  X  P  G  L  A  D  P  R  H  G  K
S  A  T  R  O  P  I  K  A  L  N  Y  M  S
F  T  Q  Z  X  C  M  H  U  R  A  G  A  N
E  U  C  U  B  L  A  L  Ł  M  D  W  C  H
R  R  L  P  U  G  T  L  Y  L  O  A  M  L
A  A  J  W  B  E  G  R  Z  M  O  T  O  K
C  H  M  U  R  A  W  I  A  T  R  B  J  C
```

| | |
|---|---|
| TĘCZA | HURAGAN |
| ATMOSFERA | POLARNY |
| BRYZA | SUCHY |
| MGŁA | SUSZA |
| SPOKÓJ | TEMPERATURA |
| NIEBO | BURZA |
| KLIMAT | GRZMOT |
| LÓD | TORNADO |
| MONSUN | TROPIKALNY |
| CHMURA | WIATR |

# 50 - Châteaux

```
G F A Ś M D K K R C I W S O
W E Z C I Y O A I Y N T Q P
V U M I E N R T N H C O K Y
T D K A C A O A I V M E S E
X A I N Z S N P S M Ł L R B
D L R A W T A U P A Ł A C Z
S N U C W I P L Z B R O J A
M Y I B Z A B T K M M D V M
O K O Ń D A H A Y S Y B J Y
K R Ó L E S T W O L I Ł Z R
K S I Ę Ż N I C Z K A Ą Y I
S Z L A C H E T N Y L K Ż S
I M P E R I U M C B Z M Ł Ę
M E T T T W I E R D Z A E L
```

ZBROJA
TARCZA
KATAPULTA
KOŃ
RYCERZ
KORONA
SMOK
DYNASTIA
IMPERIUM

MIECZ
FEUDALNY
TWIERDZA
ŚCIANA
SZLACHETNY
PAŁAC
KSIĄŻĘ
KSIĘŻNICZKA
KRÓLESTWO

# 51 - Randonnée

```
N  C  I  Ę  Ż  K  I  O  V  D  U  Q  P  M
K  A  M  I  E  N  I  E  L  Z  S  E  R  W
V  Z  T  K  L  I  M  A  T  I  X  B  Z  G
C  M  N  U  E  K  L  I  F  K  P  B  Y  F
L  Ę  X  X  R  M  O  Z  N  I  I  D  G  E
I  C  X  I  T  A  P  W  B  B  Ł  Z  O  Y
P  Z  T  Ł  B  P  G  I  H  G  B  U  T  Y
X  O  I  S  N  A  F  E  N  W  M  S  O  S
L  N  G  Ł  E  S  G  R  S  G  I  D  W  Z
V  Y  Ó  O  B  Y  P  Z  W  O  D  A  A  C
J  D  R  Ń  D  A  A  Ą  T  N  D  N  N  Z
L  S  A  C  P  A  R  T  F  W  O  D  I  Y
E  P  C  E  D  L  K  D  O  E  X  C  E  T
U  U  D  N  O  R  I  E  N  T  A  C  J  A
```

ZWIERZĄT
BUTY
KEMPING
MAPA
KLIMAT
WODA
KLIF
ZMĘCZONY
CIĘŻKI
POGODA

GÓRA
NATURA
ORIENTACJA
PARKI
KAMIENIE
PRZYGOTOWANIE
DZIKI
SŁOŃCE
SZCZYT

# 52 - Meubles

```
Z  L  P  D  G  Ł  S  K  P  F  K  P  Q  E
M  A  T  E  R  A  C  A  N  U  R  O  F  H
E  M  S  Ł  W  H  E  N  C  T  Z  D  O  U
C  P  P  Ł  R  E  G  A  Ł  O  E  U  T  Ł
R  A  R  Ó  O  D  R  P  Q  N  S  S  E  K
P  Ł  F  D  Ł  N  Y  A  B  P  Ł  Z  L  B
A  O  C  R  T  K  Y  T  Ł  B  O  K  N  V
S  M  D  S  X  K  I  W  R  L  B  A  D  J
W  P  Y  U  F  U  P  B  I  U  R  K  O  G
R  F  W  M  S  S  Q  W  C  S  E  O  T  Z
A  N  A  U  Q  Z  T  U  Q  T  R  M  V  T
X  X  N  Ł  A  W  K  A  D  R  C  O  K  O
H  A  M  A  K  Y  J  I  U  O  O  D  O  U
Ł  Ó  Ż  K  O  A  A  Z  K  K  Y  A  I  Q
```

| | |
|---|---|
| ŁAWKA | FUTON |
| REGAŁ | HAMAK |
| BIURKO | LAMPA |
| KANAPA | ŁÓŻKO |
| KRZESŁO | MATERAC |
| KOMODA | LUSTRO |
| PODUSZKI | PODUSZKA |
| PÓŁKI | ZASŁONY |
| FOTEL | DYWAN |

# 53 - Art

```
P O R Y G I N A Ł K K I C G
O O J F T W B W A O O U E V
K B E P R O S T Y M M C R W
L F R Z J X Y P C P P Z A F
B I S A J K M K G L O C M G
X W T K Z A B J C E Z I I O
R Q W S T Y O T U K Y W C S
W M Ó Y O B L O E S C Y Z O
S U R R E A L I Z M J R N B
D R Z E Ź B A I T F A S Y I
W Y R A Ż E N I E R V T N S
P R Z E D S T A W I A Ć H T
M Z A I N S P I R O W A N Y
J T C U Ł P E N A S T R Ó J
```

CERAMICZNY
KOMPLEKS
KOMPOZYCJA
STWÓRZ
PRZEDSTAWIAĆ
WYRAŻENIE
UCZCIWY
NASTRÓJ
ZAINSPIROWANY

ORYGINAŁ
OBRAZY
OSOBISTY
POEZJA
RZEŹBA
PROSTY
TEMAT
SURREALIZM
SYMBOL

# 54 - Nutrition

```
T  W  S  F  B  A  X  W  K  T  F  P  F  A
J  R  Ę  M  W  A  G  A  G  F  Ł  T  E  P
A  V  A  G  A  P  Y  S  O  S  G  O  R  E
D  X  P  W  L  K  Q  R  R  N  Ł  K  M  T
A  C  Ł  P  I  O  S  S  Z  R  D  S  E  Y
L  Z  Y  J  E  E  W  E  K  H  I  Y  N  T
N  D  N  Ł  A  T  N  O  I  C  E  N  T  Ł
Y  R  Y  G  K  L  K  I  D  K  T  A  A  Z
U  O  Z  D  R  O  W  I  E  A  A  T  C  N
J  W  J  A  K  O  Ś  Ć  P  L  N  K  J  G
B  Y  Z  Ł  O  Z  T  E  S  O  K  Y  A  M
P  R  Z  Y  P  R  A  W  Y  R  Ł  S  P  H
V  O  D  O  Y  S  G  N  B  I  A  Ł  K  A
W  I  T  A  M  I  N  A  N  E  A  B  S  C
```

| | |
|---|---|
| GORZKI | WAGA |
| APETYT | BIAŁKA |
| KALORIE | JAKOŚĆ |
| JADALNY | ZDROWY |
| DIETA | ZDROWIE |
| TRAWIENIE | SOS |
| PRZYPRAWY | SMAK |
| FERMENTACJA | TOKSYNA |
| WĘGLOWODANY | WITAMINA |
| PŁYNY | |

# 55 - Science Fiction

```
W Y R O C Z N I A G I B F W
B Y N K Ł Ł X Z U A L R D Y
V I I Q P C V C T L U E Z B
R B T M L Q P R O A Z A I U
E J E A A U K S P K J L Z C
E P C D N G S C I T A I R H
A X H Q E Q I E A Y Ł S O S
M T N D T X Ą N Q K F T B K
H O O K A N Ż A O A D Y O R
S T L M C V K R G W X C T A
L X O O O D I I I B A Z Y J
L U G M E W L U E K I N O N
Ś W I A T P Y S Ń I T Y Y Y
W V A D L D E Z S C I T Q I
```

ATOMOWY
KINO
WYBUCH
SKRAJNY
OGIEŃ
GALAKTYKA
ILUZJA
WYIMAGINOWANY
KSIĄŻKI

ŚWIAT
WYROCZNIA
PLANETA
REALISTYCZNY
ROBOTY
SCENARIUSZ
TECHNOLOGIA
UTOPIA

# 56 - Vertus #1

```
N  I  E  Z  A  L  E  Ż  N  Y  P  R  W  P
E  I  D  O  M  G  J  D  O  B  R  Y  C  O
Q  I  E  K  U  F  U  E  Y  Q  A  Q  J  M
U  C  N  Z  A  B  A  W  N  Y  K  H  W  O
L  R  C  T  A  N  A  M  I  Ę  T  N  Y  C
C  I  O  P  E  W  N  I  P  J  Y  O  D  N
U  B  E  C  T  L  O  G  W  E  C  K  A  Y
P  R  S  O  Z  Z  I  D  V  Z  Z  P  J  V
V  S  Q  E  I  Y  F  G  N  X  N  A  N  M
C  I  E  K  A  W  Y  U  E  Y  Y  C  Y  Ą
H  O  J  N  Y  P  X  R  K  N  A  J  F  D
D  E  C  Y  D  U  J  Ą  C  Y  T  E  X  R
J  R  Ł  I  U  S  S  K  R  O  M  N  Y  Y
Y  K  Ł  P  Z  N  M  C  Z  Y  S  T  Y  E
```

DOBRY
UROCZY
PEWNI
CIEKAWY
DECYDUJĄCY
ZABAWNY
WYDAJNY
NIEZAWODNY
HOJNY

NIEZALEŻNY
INTELIGENTNY
SKROMNY
NAMIĘTNY
PACJENT
PRAKTYCZNY
CZYSTY
MĄDRY
POMOCNY

# 57 - Professions #1

```
P  I  A  N  I  S  T  A  D  J  D  D  J  S
I  B  A  N  K  I  E  R  N  E  Q  V  H  Ł
E  H  Y  D  R  A  U  L  I  K  R  G  N  I
L  Y  R  M  F  R  E  D  A  K  T  O  R  M
Ę  A  M  B  A  S  A  D  O  R  Z  L  R  U
G  M  Y  Ś  L  I  W  Y  L  E  K  A  R  Z
N  W  D  P  S  Y  C  H  O  L  O  G  G  Y
I  M  W  Y  J  S  T  K  H  Y  E  K  E  K
A  R  T  Y  S  T  A  S  T  R  O  N  O  M
R  Y  R  Ł  F  R  N  Q  Ł  E  J  B  L  R
K  Q  E  Q  Q  A  C  S  M  R  L  N  O  Q
A  G  N  U  A  Ż  E  F  E  M  V  G  G  Q
R  G  E  T  L  A  R  J  U  B  I  L  E  R
A  H  R  L  U  K  Z  P  R  A  W  N  I  K
```

| | |
|---|---|
| AMBASADOR | REDAKTOR |
| ARTYSTA | GEOLOG |
| ASTRONOM | PIELĘGNIARKA |
| PRAWNIK | LEKARZ |
| BANKIER | MUZYK |
| JUBILER | PIANISTA |
| MYŚLIWY | HYDRAULIK |
| TANCERZ | STRAŻAK |
| TRENER | PSYCHOLOG |

# 58 - Géologie

```
Z  Z  P  F  F  I  S  A  T  H  M  S  L  M
O  Z  L  X  Z  Q  K  J  G  R  O  T  A  I
W  L  W  U  L  K  A  N  Ł  V  Y  A  C  N
A  A  U  C  S  S  M  N  S  L  E  L  I  E
P  W  R  R  V  X  I  Y  R  Y  V  A  E  R
Ń  A  G  S  O  E  E  G  S  Ó  L  K  K  A
M  K  O  N  T  Y  N  E  N  T  X  T  Ł  Ł
K  W  A  R  C  W  I  J  E  O  T  Y  Y  Y
A  A  S  H  X  Y  A  Z  S  R  Ł  T  H  N
M  S  T  R  T  K  Ł  E  E  P  O  J  K  S
I  J  R  N  S  O  O  R  R  Q  O  Z  N  M
E  O  E  T  C  R  Ś  C  X  T  W  C  J  H
Ń  Z  F  M  Ł  A  Ć  Y  W  Q  Y  P  P  A
A  D  A  E  S  L  N  W  M  P  S  D  U  J
```

| | |
|---|---|
| KWAS | GEJZER |
| WAPŃ | LAWA |
| GROTA | MINERAŁY |
| KONTYNENT | KAMIEŃ |
| KORAL | KWARC |
| WARSTWA | SÓL |
| EROZJA | STALAKTYT |
| CIEKŁY | WULKAN |
| SKAMIENIAŁOŚĆ | STREFA |

# 59 - Cirque

```
B  K  Ł  T  E  P  Z  P  M  A  Ł  P  A  S
S  I  U  X  E  P  Ż  O  N  G  L  E  R  P
Ł  W  L  E  W  C  U  K  I  E  R  E  K  E
O  Z  Y  E  S  I  B  A  L  O  N  Y  O  K
Ń  Z  V  V  T  M  O  Z  P  A  M  Q  S  T
Z  W  G  T  T  F  Z  A  A  K  U  S  T  A
C  D  S  Y  D  L  M  Ć  R  R  Z  N  I  K
Z  W  I  E  R  Z  Ą  T  A  O  Y  A  U  U
T  Ł  E  D  M  H  D  E  D  B  K  M  M  L
Y  V  S  T  O  A  A  I  A  A  Ł  I  A  A
G  N  K  C  T  M  G  V  L  T  O  O  G  R
R  R  Ł  B  H  L  Y  I  E  A  F  T  I  N
Y  P  Z  M  W  I  D  Z  A  W  E  B  K  Y
S  J  T  V  S  N  S  Z  I  F  E  C  U  H
```

| | |
|---|---|
| AKROBATA | MAGIK |
| ZWIERZĄT | MAGIA |
| BALONY | POKAZAĆ |
| BILET | MUZYKA |
| CUKIEREK | PARADA |
| KLAUN | MAŁPA |
| KOSTIUM | SPEKTAKULARNY |
| SŁOŃ | WIDZ |
| ŻONGLER | NAMIOT |
| LEW | TYGRYS |

# 60 - Jardin

```
C Y I O P J D Q G T K U J D
T H K M G L E B A X R Z W P
R A W Ą Ż R M N R G Z A K Y
A M I A K Ł O P A T A W W S
W A A T S W X D Ż K K D M A
N K T A T T P R Z O G R Ó D
I C U R A E Y Z F E J F Q W
K Ł O A W W V E B Z N J D I
L U N S U I N W O G G I S N
Ł A W K A H Ł O Q R E D E O
A I F T G N I Y S A Z N U R
N A T C T W G W G B L I N O
K L T R A M P O L I N A N Ś
K U D B X R Ł A R E A I S L
```

| | |
|---|---|
| DRZEWO | CHWASTY |
| ŁAWKA | ŁOPATA |
| KRZAK | TRAWNIK |
| OGRODZENIE | GRABIE |
| STAW | GLEBA |
| KWIAT | TARAS |
| GARAŻ | TRAMPOLINA |
| HAMAK | WĄŻ |
| TRAWA | SAD |
| OGRÓD | WINOROŚL |

# 61 - Barbecues

```
V  X  W  W  C  D  T  G  R  H  I  W  C  K
O  B  I  A  D  Z  I  B  O  K  Y  X  E  U
P  Y  D  R  R  I  W  A  D  A  N  L  B  R
S  S  E  Z  G  E  M  U  Z  Y  K  A  U  C
F  G  L  Y  I  C  U  G  I  Z  T  T  L  Z
G  O  C  W  I  I  P  Z  N  C  N  O  E  A
Ł  R  E  A  V  F  R  L  A  I  Z  T  O  K
Ó  Ą  Y  V  T  K  P  O  G  R  I  L  L  N
D  C  V  W  Z  T  U  I  J  M  G  H  M  O
C  Y  Y  C  Y  K  D  D  E  V  K  N  Ł  Ż
S  O  S  A  Ł  A  T  K  I  P  O  Y  G  E
Ó  P  O  M  I  D  O  R  Y  F  R  W  D  G
L  Z  Z  T  K  T  F  R  F  H  H  Z  O  D
D  E  S  Y  D  P  S  K  J  Y  P  U  T  C
```

| | |
|---|---|
| GORĄCY | GRY |
| NOŻE | WARZYWA |
| OBIAD | MUZYKA |
| DZIECI | CEBULE |
| LATO | PIEPRZ |
| GŁÓD | KURCZAK |
| RODZINA | SAŁATKI |
| WIDELCE | SOS |
| OWOC | SÓL |
| GRILL | POMIDORY |

# 62 - Anniversaire

```
U P I O S E N K A X C Z A S
R O K Z A B A W A L A X V M
O A P R E Z E N T D F B N Ł
D Ś D J N W Ł Ł O E W T O
Z W D O F M Q L O B J O G D
O I N N S Z C Z Ę Ś L I W Y
N E D Ś Y N D Z I E Ń T D S
Y C Q P R Z Y J A C I E L E
C E C I A S T O K B I A E K
Z V X E M Ą D R O Ś Ć B R A
Y W C W K A L E N D A R Z R
X Ł Z A P R O S Z E N I A T
Q W R Ć S P E C J A L N Y Y
U R O C Z Y S T O Ś Ć O X Y
```

| | |
|---|---|
| PRZYJACIELE | CIASTO |
| ZABAWA | SZCZĘŚLIWY |
| ROK | ZAPROSZENIA |
| ŚWIECE | MŁODY |
| PREZENT | DZIEŃ |
| KALENDARZ | RADOSNY |
| KARTY | URODZONY |
| PIOSENKA | MĄDROŚĆ |
| ŚPIEWAĆ | SPECJALNY |
| UROCZYSTOŚĆ | CZAS |

# 63 - Animaux de Compagnie

```
J  H  J  D  M  M  X  K  P  K  R  O  W  A
A  L  N  E  N  Y  I  U  I  I  Y  D  G  F
S  O  S  P  P  S  U  W  E  Ł  B  B  M  N
Z  K  O  Z  A  Z  J  F  S  C  A  Ł  K  S
C  Ż  A  J  C  P  O  P  Y  H  L  M  O  Y
Z  Ó  S  X  Ż  Z  U  O  G  O  N  Z  Ł  O
U  Ł  A  P  Y  S  E  G  Q  M  U  Y  N  U
R  W  F  A  W  Y  M  N  A  I  I  T  I  W
K  X  J  Z  N  W  M  Y  I  K  O  T  E  K
A  V  B  U  O  O  K  B  C  A  I  G  R  R
H  R  I  R  Ś  D  O  Ł  T  Z  K  A  Z  Ó
C  V  Y  Y  Ć  A  T  I  J  W  H  N  K  L
E  C  U  M  D  T  M  L  U  R  X  Ł  D  I
Q  P  X  C  K  L  H  P  X  I  O  W  L  K
```

| | |
|---|---|
| KOT | KRÓLIK |
| KOTEK | JASZCZURKA |
| KOZA | ŻYWNOŚĆ |
| PIES | ŁAPY |
| SZCZENIAK | PAPUGA |
| KOŁNIERZ | RYBA |
| WODA | OGON |
| PAZURY | MYSZ |
| CHOMIK | ŻÓŁW |
| SMYCZ | KROWA |

# 64 - Forêt Tropicale

```
R  C  S  I  D  G  A  T  U  N  E  K  Ł  N
Ó  I  P  I  T  Ż  Z  C  U  S  T  X  S  I
Ż  F  O  I  H  C  U  Z  Y  F  D  R  S  M
N  P  Ł  A  Z  Y  T  N  A  T  U  R  A  E
O  C  E  N  N  Y  H  N  G  T  P  T  K  C
R  P  C  K  L  I  M  A  T  L  Y  Ł  I  H
O  S  Z  A  C  U  N  E  K  I  A  V  R  Y
D  F  N  P  Y  J  T  Y  H  L  N  O  M  R
N  B  O  T  A  N  I  C  Z  N  Y  W  E  N
O  O  Ś  A  H  R  J  M  H  Z  I  A  G  R
Ś  S  Ć  K  G  J  G  Ł  P  M  I  D  Z  M
Ć  R  X  I  S  A  N  A  W  P  U  Y  V  Z
S  C  H  R  O  N  I  E  N  I  E  R  F  O
L  K  O  N  S  E  R  W  A  C  J  A  Y  O
```

PŁAZY
BOTANICZNY
KLIMAT
SPOŁECZNOŚĆ
RÓŻNORODNOŚĆ
GATUNEK
OWADY
DŻUNGLA
SSAKI

MECH
NATURA
CHMURY
PTAKI
CENNY
KONSERWACJA
SCHRONIENIE
SZACUNEK

# 65 - Insectes

```
H C H R Z Ą S Z C Z E G L E
E S M W O J O Y E R B V A D
K Z O Ł D X G E Ł B I Ł R Y
A E D S W S R V E S E G W T
R R L Y A Z C Y K A D A A G
A S I A Ż A D M L T R E Z Ł
L Z S X K R T N S E O T R P
U E Z N A A H J J R N U B S
C Ń K N K Ń M T K M K K B Z
H W A Y X C E O D I A O I C
R O B A K Z F O T T T M N Z
M R Ó W K A M S Z Y C A L O
K O N I K P O L N Y L R R Ł
T F F V H C B Q P C H Ł A A
```

| | |
|---|---|
| PSZCZOŁA | MODLISZKA |
| KARALUCH | KOMAR |
| CYKADA | MOTYL |
| BIEDRONKA | PCHŁA |
| SZARAŃCZA | MSZYCA |
| MRÓWKA | KONIK POLNY |
| SZERSZEŃ | CHRZĄSZCZ |
| OSA | TERMIT |
| LARWA | ROBAK |
| WAŻKA | |

# 66 - Ferme #1

```
T L D W C P X P L U O X F V
Y C S O R K W I F I H R N B
U S X D H O Y S S Y P B S E
T E O A O T N I X O S I O Ł
M M G A R G N A W Ó Z R O X
K U R C Z A K N B R C S Y R
O Q O O D K R O W A Z Ł B Ż
Z U D G L I X K B F O D T R
A M Z Ł S N C N N T Ł I Ł O
P I E S B B I Z O N A B G X
N Ó N Z V U E C Ś W I N I A
D D I Z E O L H T S R V H Q
C M E X L R Ę M C W D O Y B
G Q C M T O P O L E O K O Ń
```

| | |
|---|---|
| PSZCZOŁA | ŚWINIA |
| ROLNICTWO | WRONA |
| OSIOŁ | WODA |
| BIZON | NAWÓZ |
| POLE | SIANO |
| KOT | MIÓD |
| KOŃ | KURCZAK |
| KOZA | RYŻ |
| PIES | KROWA |
| OGRODZENIE | CIELĘ |

# 67 - Escalade

```
W  P  R  Z  E  W  O  D  N  I  K  I  P  A
R  Ę  W  Y  S  O  K  O  Ś  Ć  M  B  Ł  B
N  Ę  D  S  T  A  B  I  L  N  O  Ś  Ć  E
I  Ł  K  R  Q  P  N  K  D  C  D  K  L  R
B  W  K  A  Ó  J  A  S  K  I  N  I  A  J
A  U  N  D  W  W  F  I  Z  Y  C  Z  N  Y
T  A  T  G  Ą  I  K  Z  A  S  I  Ł  A  K
M  P  R  Y  S  Y  C  I  B  M  E  U  U  A
O  Ł  W  B  K  P  X  Z  S  W  K  D  W  S
S  E  V  P  A  D  K  A  K  M  A  P  A  K
F  W  Y  Z  W  A  N  I  A  I  W  W  S  N
E  K  S  P  E  R  T  Y  I  O  O  A  B  D
R  T  E  R  E  N  O  Ł  L  Y  Ś  T  N  Y
A  S  Z  K  O  L  E  N  I  E  Ć  J  R  N
```

| | |
|---|---|
| WYSOKOŚĆ | SIŁA |
| ATMOSFERA | SZKOLENIE |
| BUTY | RĘKAWICZKI |
| MAPA | JASKINIA |
| KASK | PRZEWODNIKI |
| CIEKAWOŚĆ | FIZYCZNY |
| WYZWANIA | WĘDRÓWKI |
| EKSPERT | STABILNOŚĆ |
| WĄSKA | TEREN |

# 68 - École #2

```
L Z T U Z G A F O B S L J N
I Z V C K R R U U Ł N J J A
T A A Z A A E Y T K Ó C U U
E J P E L M Ł D A O W W R K
R Ę D N E A N L H M B O E A
A C G I N T A V U P K U K K
T I S E D Y U V T U P R S I
U A Ł S A K C Z Y T A N I E
R A O I R A Z W Ł E P I Ą Z
A I W Ę Z A Y Z H R I N Ż A
B D N O Ż Y C Z K I E I K R
Ł P I S M O I Ł H Q R U I P
Z Z K W X O E D U K A C J A
U Q L B I B L I O T E K A P
```

ZAJĘCIA
UCZENIE SIĘ
BIBLIOTEKA
AUTOBUS
KALENDARZ
NOŻYCZKI
OŁÓWEK
SŁOWNIK
NAUCZYCIEL
PISMO

EDUKACJA
GRAMATYKA
GRY
CZYTANIE
LITERATURA
KSIĄŻKI
KOMPUTER
PAPIER
NAUKA

# 69 - Antarctique

```
A L P I L N R S P T A K I O
V O M Ó K D E K G Ł Q F G C
B D I W Ł W G A D R Z L E H
A O N I P W I L Ó D X R O R
D W E E W Y Y I G Z U K G O
A C R L I P K S Y P Y K R N
C E A O V R W T E W O D A A
Z Ł Ł R N A Z Y V P Y N F V
V B Y Y Q W W V S F T A I T
R R J B V A F B L P R U A S
H C L Y Z A T O K A Y K D X
T E M P E R A T U R A O Z H
K O N T Y N E N T U L W R W
Ś R O D O W I S K O O Y H C
```

| | |
|---|---|
| ZATOKA | LÓD |
| WIELORYBY | LODOWCE |
| BADACZ | WYSPY |
| OCHRONA | MINERAŁY |
| KONTYNENT | PTAKI |
| WODA | PÓŁWYSEP |
| ŚRODOWISKO | SKALISTY |
| WYPRAWA | NAUKOWY |
| GEOGRAFIA | TEMPERATURA |

# 70 - Professions #2

```
Z  F  O  F  N  M  T  M  L  E  X  W  G  D
O  O  J  C  I  A  O  X  P  M  A  D  B  E
O  T  E  H  T  L  U  L  D  U  B  Z  I  N
L  O  I  I  V  A  O  C  A  Z  A  I  B  T
O  G  L  R  D  R  S  Z  Z  Ł  D  E  L  Y
G  R  U  U  E  Z  N  C  O  Y  A  N  I  S
B  A  S  R  T  R  P  W  L  F  C  N  O  T
I  F  T  G  E  W  I  S  E  Y  Z  I  T  A
O  B  R  X  K  Z  L  J  K  Z  O  K  E  P
L  M  A  S  T  R  O  N  A  U  T  A  K  L
O  Q  T  A  Y  E  T  H  R  C  D  R  A  H
G  Y  O  R  W  X  V  E  Z  M  W  Z  R  E
U  L  R  W  Y  N  A  L  A  Z  C  A  Z  Z
J  Ę  Z  Y  K  O  Z  N  A  W  C  A  L  V
```

| | |
|---|---|
| ASTRONAUTA | WYNALAZCA |
| BIBLIOTEKARZ | DZIENNIKARZ |
| BIOLOG | JĘZYKOZNAWCA |
| BADACZ | LEKARZ |
| CHIRURG | MALARZ |
| DENTYSTA | FILOZOF |
| DETEKTYW | FOTOGRAF |
| NAUCZYCIEL | PILOT |
| ILUSTRATOR | ZOOLOG |

# 71 - Les Abeilles

```
R  F  S  C  M  G  R  P  Y  Ł  E  K  W  T
Ó  Ó  K  W  I  T  N  Ą  Ć  D  M  R  L  K
J  F  Ż  K  Ó  O  W  O  C  Y  R  Ó  O  O
P  A  N  N  D  A  Y  P  Z  M  T  L  M  R
Ż  U  L  A  O  O  W  A  D  E  R  O  A  Z
E  Y  K  S  K  R  Z  Y  D  Ł  A  W  S  Y
K  R  W  O  S  K  O  G  R  Ó  D  A  Ł  S
O  O  I  N  S  I  E  D  L  I  S  K  O  T
S  Ś  A  Ł  O  V  D  X  N  K  R  G  Ń  N
Y  L  T  F  O  Ś  S  Ł  W  O  S  M  C  Y
S  I  Y  X  L  W  Ć  J  N  D  Ś  X  E  F
T  N  Ł  N  Y  V  I  C  Z  P  G  Ć  A  Q
E  Y  P  C  W  M  N  C  U  I  P  A  R  I
M  G  I  Z  I  M  U  N  I  C  Ł  E  H  U
```

| | |
|---|---|
| SKRZYDŁA | SIEDLISKO |
| KORZYSTNY | OWAD |
| WOSK | OGRÓD |
| RÓŻNORODNOŚĆ | MIÓD |
| RÓJ | ŻYWNOŚĆ |
| EKOSYSTEM | ROŚLINY |
| KWITNĄĆ | PYŁEK |
| KWIATY | KRÓLOWA |
| OWOC | UL |
| DYM | SŁOŃCE |

# 72 - Dinosaures

```
W  S  Z  Y  S  T  K  O  Ż  E  R  N  Y  N
I  H  E  R  N  A  Z  D  U  S  J  Z  E  F
S  B  Z  Ł  O  Ś  L  I  W  Y  K  A  W  R
L  K  F  D  T  I  S  W  E  G  Y  N  O  O
P  S  R  O  Z  M  I  A  R  M  F  I  L  Ś
O  O  O  Z  T  T  G  S  T  V  I  K  U  L
D  G  T  Y  Y  Z  J  Z  R  J  U  A  C  I
U  O  L  Ę  D  D  M  I  A  O  B  C  J  N
Ż  N  Q  Ł  Ż  X  Ł  M  P  O  X  O  A  O
Y  H  U  G  H  N  G  A  T  U  N  E  K  Ż
M  N  R  O  X  R  Y  M  O  P  O  V  N  E
O  G  R  O  M  N  Y  U  R  F  Z  N  E  R
U  A  Ł  F  Q  R  O  T  M  P  F  K  E  N
A  D  Y  M  I  Ę  S  O  Ż  E  R  C  A  E
```

| | |
|---|---|
| SKRZYDŁA | WSZYSTKOŻERNY |
| MIĘSOŻERCA | POTĘŻNY |
| ZANIK | OGON |
| GATUNEK | RAPTOR |
| OGROMNY | GAD |
| EWOLUCJA | ROZMIAR |
| DUŻY | ZIEMIA |
| ROŚLINOŻERNE | ZŁOŚLIWY |
| MAMUT | |

# 73 - Conduite

```
A D F K G U M T S I L N I K
U R S U Ł U A Ł U H B N C Z
T O K V F U P Ł P N U Y I M
O G G G X N A B A Y E L Ę O
B A P A H A M U L C E L Ż T
U S O Z K B Ł S I N Y F A O
S I L U L I C A W S W P R C
A P I E S Z Y Z O Q L R Ó Y
R U C H D R O G O W Y Ę W K
H R J L I C E N C J A D K L
B X A K B W Y P A D E K A D
E T R A N S P O R T N O W Ł
N G N J G A R A Ż I B Ś I E
S A M O C H Ó D Ł J Z Ć D L
```

| | |
|---|---|
| WYPADEK | MOTOCYKL |
| AUTOBUS | PIESZY |
| CIĘŻARÓWKA | POLICJA |
| PALIWO | DROGA |
| MAPA | ULICA |
| HAMULCE | RUCH DROGOWY |
| GARAŻ | TRANSPORT |
| GAZ | TUNEL |
| LICENCJA | PRĘDKOŚĆ |
| SILNIK | SAMOCHÓD |

# 74 - Plantes

```
K F Z H Ł D E E H U O K K P
T A D R Z E W O M O Y B R Ł
R S K C B R Ź O F F I E Z A
A O C T L Y R O S N Ą Ć A T
W L A W U N Ó T Q N I V K E
A A F G S S D M K D Y I Q K
N D L N Z Z Ł E G Ł A Ł I H
A K O A C N O C N K V Z S S
W K R G Z S I H Z E I L A S
Ó W A U R Q B O T A N I K A
Z I R Ł E Ó X V W D P Ś W O
B A M B U S D S U W Ł C E R
D T J A G O D A J Q C I W V
R O Ś L I N N O Ś Ć H D P U
```

DRZEWO
JAGODA
BAMBUS
BOTANIKA
KRZAK
KAKTUS
NAWÓZ
LIŚCI
KWIAT
FLORA

LAS
ROSNĄĆ
FASOLA
TRAWA
OGRÓD
BLUSZCZ
MECH
PŁATEK
ŹRÓDŁO
ROŚLINNOŚĆ

# 75 - Ferme #2

```
P  T  J  D  D  T  E  K  Ż  Q  R  K  P  Z
A  S  J  S  Q  S  Ł  Z  Y  N  V  U  L  W
S  L  Z  S  A  D  Ł  W  W  G  U  K  J  I
T  K  D  E  C  I  Ą  G  N  I  K  U  Ę  E
E  R  O  L  N  I  K  C  O  J  I  R  C  R
R  W  W  Q  E  I  A  Y  Ś  C  T  Y  Z  Z
Z  Z  C  J  Z  G  C  K  Ć  S  O  D  M  Ą
N  N  E  L  A  M  A  A  V  N  W  Z  I  T
H  T  D  N  M  G  L  L  A  M  O  A  E  Y
K  A  C  Z  K  A  N  X  R  Ż  J  C  J  Ń  S
W  A  R  Z  Y  W  O  I  M  L  E  K  O  V
C  U  O  Y  V  L  B  E  Ę  V  F  C  Y  U
W  U  X  S  T  O  D  O  Ł  A  Y  L  V  B
N  A  W  A  D  N  I  A  N  I  E  D  N  G
```

| | |
|---|---|
| JAGNIĘ | LAMA |
| ROLNIK | WARZYWO |
| ZWIERZĄT | KUKURYDZA |
| PASTERZ | OWCE |
| PSZENICA | ŻYWNOŚĆ |
| KACZKA | JĘCZMIEŃ |
| OWOC | ŁĄKA |
| STODOŁA | UL |
| NAWADNIANIE | CIĄGNIK |
| MLEKO | SAD |

# 76 - École #1

```
N V G X G B Q U Y Q H F Ł K
A T E P B I U R K O F O D S
U O D P O W I E D Z I L J I
C M Ł R O L Z Ł G G D U Ą
Z A U Z B Ł I P A P I E R Ż
Y T G Y I I Ó C G K Z R A K
C E O J A K B W Z Ł P Y L I
I M P A D L R L E B H M F V
E A I C N A S B I K Y A A Z
L T S I W S S X M O H R B A
N Y Y E J A P X J J T K E B
S K L L K R Z E S Ł O E T A
O A H E S G H Z Q M Ł R K W
E G Z A M I N Y S C A Y Q A
```

| | |
|---|---|
| ALFABET | NAUCZYCIEL |
| PRZYJACIELE | EGZAMINY |
| ZABAWA | KSIĄŻKI |
| BIBLIOTEKA | MARKERY |
| BIURKO | MATEMATYKA |
| KRZESŁO | LICZBY |
| OŁÓWEK | PAPIER |
| DŁUGOPISY | QUIZ |
| OBIAD | ODPOWIEDZI |
| FOLDERY | KLASA |

# 77 - Vacances #2

```
W  P  O  C  I  Ą  G  N  L  Z  F  A  M  S
W  A  L  U  J  Y  V  E  A  K  V  X  X  C
Y  H  K  A  G  Z  B  W  X  M  O  R  Z  E
S  O  U  A  Ż  Ł  L  O  T  N  I  S  K  O
P  T  Q  I  C  A  I  D  W  M  R  O  V  F
A  E  T  Z  D  J  Ę  C  I  A  K  D  T  N
Q  L  L  F  W  H  E  J  Z  M  A  P  A  K
B  H  R  E  Z  E  R  W  A  C  J  E  T  E
R  E  S  T  A  U  R  A  C  J  A  C  A  M
W  Y  P  O  C  Z  Y  N  E  K  H  D  X  P
C  U  D  Z  O  Z  I  E  M  I  E  C  I  I
T  R  A  N  S  P  O  R  T  E  O  W  S  N
L  M  P  A  S  Z  P  O  R  T  A  N  Q  G
P  O  D  R  Ó  Ż  G  Q  X  D  K  R  E  K
```

| | |
|---|---|
| LOTNISKO | PLAŻA |
| KEMPING | RESTAURACJA |
| MAPA | REZERWACJE |
| CUDZOZIEMIEC | TAXI |
| HOTEL | NAMIOT |
| WYSPA | POCIĄG |
| WYPOCZYNEK | TRANSPORT |
| MORZE | WAKACJE |
| PASZPORT | WIZA |
| ZDJĘCIA | PODRÓŻ |

# 78 - Temps

```
T E R A Z R P O Ł U D N I E
Y B M Z M A O J P F P K L W
D G R O K N O C B R R A N K
Z X O V Z O F M A A Z L C R
I Y Ł D A Z O O B A Y E H Ó
E Ł J K Z E G A R Q S N D T
Ń X W I M I N U T A Z D R C
X D Ł F H W N M J Z Ł A U E
M K Z C D S M A H H O R P D
U S M I E S I Ą C P Ś Z I K
N I W E E M K D K X Ć O G X
O B Z H O Ń V D E K A D A R
W C Z O R A J R O C Z N E Q
P T S T U L E C I E H S G C
```

| | |
|---|---|
| ROK | ZEGAR |
| ROCZNE | DZIEŃ |
| PO | TERAZ |
| PRZED | RANO |
| WKRÓTCE | POŁUDNIE |
| KALENDARZ | MINUTA |
| DEKADA | MIESIĄC |
| PRZYSZŁOŚĆ | NOC |
| GODZINA | TYDZIEŃ |
| WCZORAJ | STULECIE |

# 79 - Maison

```
B  L  Ł  Ś  F  C  O  M  L  J  I  D  P  G
I  U  Z  D  C  P  Z  T  I  D  M  Z  Ł  K
B  S  J  Y  I  I  Y  Y  Y  O  Q  A  K  O
L  T  G  W  L  N  A  L  Z  G  T  S  Ł  G
I  R  L  A  M  P  A  N  Q  R  R  Ł  E  R
O  O  D  N  K  B  J  D  A  Ó  Ł  O  A  O
T  P  R  S  O  Q  H  A  P  D  X  N  Z  D
E  R  Z  T  M  K  R  C  O  M  S  Y  J  Z
K  Y  W  R  I  U  N  H  K  L  U  C  Z  E
A  S  I  Y  N  C  J  O  Ó  Q  F  Q  A  N
R  Z  K  C  E  H  U  K  J  X  I  L  W  I
C  N  Ł  H  K  N  T  V  U  W  T  F  F  E
M  I  K  Ł  Q  I  Y  Q  G  A  R  A  Ż  A
N  C  O  C  Q  A  D  A  O  H  D  M  R  Z
```

| | |
|---|---|
| MIOTŁA | STRYCH |
| BIBLIOTEKA | OGRÓD |
| POKÓJ | LAMPA |
| KOMINEK | LUSTRO |
| KLUCZE | ŚCIANA |
| OGRODZENIE | SUFIT |
| KUCHNIA | DRZWI |
| PRYSZNIC | ZASŁONY |
| OKNO | DYWAN |
| GARAŻ | DACH |

# 80 - Légumes

```
A D W B J F T A O N N J A I
M A R P W O Y P B G T P A M
G X L P O M I D O R Ó W E B
C Z O S N E K F Y M K R F I
P Q B A K Ł A Ż A N H F E R
S Z A L O T K A O L I W A K
Y A G G Ł S C E B U L A E K
P I E T R U S Z K A S B G A
S E L E R Z L S R N A R R R
W U M X B F Y T Y R Ł O O C
T R Z E P A R B O Q A K C Z
R Z O D K I E W K A T U H O
M A R C H E W K A T K Ł V C
S Z P I N A K U P F A Y S H
```

| | |
|---|---|
| CZOSNEK | SZPINAK |
| KARCZOCH | IMBIR |
| BAKŁAŻAN | RZEPA |
| BROKUŁY | CEBULA |
| MARCHEWKA | OLIWA |
| SELER | PIETRUSZKA |
| GRZYB | GROCH |
| DYNIA | RZODKIEWKA |
| OGÓREK | SAŁATKA |
| SZALOTKA | POMIDOR |

# 81 - Plage

```
R  Ę  C  Z  N  I  K  M  P  K  R  A  B  R
P  S  S  V  V  M  W  P  O  Ł  Ó  D  Ź  O
I  P  Ł  I  K  A  Y  N  Y  R  Y  W  O  D
A  W  O  V  P  H  B  D  K  X  Z  W  S  V
S  Y  Ń  O  J  W  R  O  O  V  K  E  A  I
E  S  C  M  Y  A  Z  K  C  L  Q  K  N  Ć
K  P  E  H  C  K  E  I  D  E  F  K  D  C
L  A  G  U  N  A  Ż  F  I  P  A  J  A  P
R  A  F  A  U  C  E  C  L  A  J  N  Ł  U
L  M  X  C  G  J  Y  S  O  R  A  Y  Y  P
I  L  D  P  A  E  N  Q  J  A  A  Ł  D  A
I  O  G  N  I  E  B  I  E  S  K  I  F  I
Ż  A  G  L  Ó  W  K  A  J  O  I  H  U  P
E  Ł  O  N  P  J  I  X  F  L  J  A  Q  M
```

ŁÓDŹ                OCEAN
NIEBIESKI           PARASOL
WYBRZEŻE            RAFA
KRAB                PIASEK
DOK                 SANDAŁY
WYSPA               RĘCZNIK
LAGUNA              SŁOŃCE
MORZE               WAKACJE
PŁYWAĆ              ŻAGLÓWKA

# 82 - Famille

```
C V E I M H S Q R A C X K B
F O V K D Z I A D E K M Z R
C U M V W H O O Y Ł L M W A
B R A T D U S P J C P A Ł T
B N T H Z P T R S C Ó R K A
U G K X I M R Z G L I L N N
K F A U E Ą Z O S J B E V E
W U W L C Ż E D H F Ł Y C K
W Q Z Ł I O N E C I O T K A
M U O Y H N I K B A B C I A
W Z J F N A C S I O S T R A
A A D E L Q A D Z I E C K O
H O Z F K O J C O W S K I R
M A C I E R Z Y Ń S K I G S
```

PRZODEK
KUZYN
DZIECKO
DZIECI
ŻONA
CÓRKA
BRAT
BABCIA
DZIADEK
MĄŻ

MACIERZYŃSKI
MATKA
BRATANEK
SIOSTRZENICA
WUJEK
OJCOWSKI
OJCIEC
SIOSTRA
CIOTKA

# 83 - Oiseaux

```
W  H  V  J  B  K  J  G  C  R  S  Ł  F  H
K  R  N  E  O  U  A  Ę  Z  F  R  A  W  K
A  W  O  J  C  K  J  Ś  A  G  O  Ł  Ą  B
C  D  R  N  I  U  K  E  P  A  P  U  G  A
Z  S  Z  L  A  Ł  O  Q  L  X  T  Q  H  G
K  T  E  E  N  K  A  Z  A  Q  U  N  A  B
A  U  Ł  R  U  A  M  X  C  K  K  Z  B  T
X  P  S  K  U  R  C  Z  A  K  A  I  V  V
S  C  B  T  P  I  N  G  W  I  N  Z  P  M
Q  D  X  W  R  Ó  B  E  L  B  I  S  C  W
Ł  G  S  M  M  U  F  L  A  M  I  N  G  J
P  H  J  C  I  F  Ś  Ł  A  B  Ę  D  Ź  N
Ł  A  Ł  P  E  L  I  K  A  N  E  V  M  M
M  E  W  A  W  M  S  R  Ł  L  Y  E  J  R
```

| | |
|---|---|
| ORZEŁ | PINGWIN |
| STRUŚ | WRÓBEL |
| KACZKA | MEWA |
| BOCIAN | JAJKO |
| GOŁĄB | GĘŚ |
| WRONA | PAW |
| KUKUŁKA | PAPUGA |
| ŁABĘDŹ | PELIKAN |
| FLAMING | KURCZAK |
| CZAPLA | TUKAN |

# 84 - Disciplines Scientifiques

```
Y D M S Y C A M T F B P B T
T X E O G H N E M I O S I E
B X T C N E A C I Z T Y O R
G I E J E M T H N J A C C M
E E O O U I O A E O N H H O
O K R L R A M N R L I O E D
L O O O O T I I A O K L M Y
O L L G L G A K L G A O I N
G O O I O I I A O I Y G A A
I G G A S B A G A T I V M
A I I P I F V U I U T A U I
U A A R A Z Y X A O E X D K
I D W Z R O B O T Y K A U A
A R C H E O L O G I A Z W G
```

| | |
|---|---|
| ANATOMIA | METEOROLOGIA |
| ARCHEOLOGIA | MINERALOGIA |
| BIOCHEMIA | NEUROLOGIA |
| BIOLOGIA | FIZJOLOGIA |
| BOTANIKA | PSYCHOLOGIA |
| CHEMIA | ROBOTYKA |
| EKOLOGIA | SOCJOLOGIA |
| GEOLOGIA | TERMODYNAMIKA |
| MECHANIKA | |

# 85 - Émotions

```
D U U Z Z Ł W Z S N R S F S
C G V A A C S A P I A M A P
R U L W D Z P K O E D U N Q
Ł Y Q A O U Ó Ł K S O T N I
D J V R W Ł Ł O Ó P Ś E A Y
Q H P T O O C P J O Ć K G Y
G B T O L Ś Z O L D J O B X
U N F Ś O Ć U T R Z N U D A
T L I Ć N Ł C A M I Ł O Ś Ć
C G G E A U I N C A G G P V
N Y B A W T E Y A N Q V O Q
W D Z I Ę C Z N Y K U Z K A
W B Z C P Y S T R A C H Ó Q
Ż Y C Z L I W O Ś Ć R K J V
```

MIŁOŚĆ  
GNIEW  
ZAWARTOŚĆ  
ZAKŁOPOTANY  
NUDA  
ŻYCZLIWOŚĆ  
RADOŚĆ  
POKÓJ  
STRACH  

WDZIĘCZNY  
ULGA  
ZADOWOLONA  
NIESPODZIANKA  
WSPÓŁCZUCIE  
CZUŁOŚĆ  
SPOKÓJ  
SMUTEK

# 86 - Géographie

```
R  M  X  U  Z  F  M  M  P  Y  H  T  Ł  P
E  Z  U  S  G  P  N  O  Ó  Q  D  E  K  O
G  A  E  S  Ó  O  Z  R  Ł  P  Z  R  M  Ł
I  C  W  K  R  A  J  Z  N  O  W  Y  P  U
O  H  J  K  A  K  J  E  O  C  Y  T  O  D
N  Ó  Y  Ł  V  G  O  R  C  E  S  O  Ł  N
O  D  A  T  L  A  S  N  X  A  P  R  U  I
W  Y  S  O  K  O  Ś  Ć  T  N  A  I  D  E
Q  V  R  Z  Z  R  K  F  D  Y  G  U  N  M
Ś  F  Y  R  J  Ó  Q  I  Z  T  N  M  I  A
N  W  D  F  W  W  M  V  K  Q  U  E  K  P
X  Y  I  C  H  N  M  I  A  S  T  O  N  A
B  N  O  A  G  I  P  Ó  Ł  K  U  L  A  T
K  Q  C  O  T  K  R  X  L  P  S  R  X  E
```

| | |
|---|---|
| WYSOKOŚĆ | ŚWIAT |
| ATLAS | GÓRA |
| MAPA | PÓŁNOC |
| KONTYNENT | OCEAN |
| RÓWNIK | ZACHÓD |
| RZEKA | KRAJ |
| PÓŁKULA | REGION |
| WYSPA | POŁUDNIE |
| MORZE | TERYTORIUM |
| POŁUDNIK | MIASTO |

# 87 - Danse

```
O  I  K  B  V  C  W  C  I  A  Ł  O  Z  T
K  U  L  T  U  R  A  L  N  Y  Q  I  S  R
W  I  Z  U  A  L  N  Y  S  Z  T  U  K  A
E  P  O  S  T  A  W  A  R  F  D  F  O  D
A  K  A  D  E  M  I  A  Y  U  B  S  K  Y
R  A  D  O  S  N  Y  N  T  N  C  U  P  C
S  V  Q  G  A  F  K  N  M  M  K  H  A  Y
M  U  Z  Y  K  A  J  A  Y  H  P  Q  R  J
C  H  O  R  E  O  G  R  A  F  I  A  T  N
Ł  P  M  P  G  E  M  O  C  J  A  Ł  N  Y
A  R  L  Y  L  Q  P  N  R  A  E  J  E  M
S  Ó  N  G  T  R  B  K  U  L  T  U  R  A
K  B  K  L  A  S  Y  C  Z  N  Y  E  W  L
A  A  J  W  Y  R  A  Z  I  S  T  Y  W  O
```

| | |
|---|---|
| AKADEMIA | RADOSNY |
| SZTUKA | RUCH |
| CHOREOGRAFIA | MUZYKA |
| KLASYCZNY | PARTNER |
| CIAŁO | POSTAWA |
| KULTURA | PRÓBA |
| KULTURALNY | RYTM |
| WYRAZISTY | SKOK |
| EMOCJA | TRADYCYJNY |
| ŁASKA | WIZUALNY |

# 88 - Bâtiments

```
I  G  T  J  S  C  M  N  A  M  I  O  T  O
G  Z  A  C  E  F  U  K  P  M  G  U  R  B
Z  Z  V  R  A  Z  Z  Y  A  D  Y  S  Q  S
T  P  X  Z  A  M  E  K  R  D  C  T  M  E
T  E  A  T  R  Ż  U  U  T  U  X  O  Q  R
K  H  I  S  R  A  M  B  A  S  A  D  A  W
A  O  S  Z  K  O  Ł  A  M  D  E  O  H  A
B  T  W  P  L  J  A  F  E  Z  W  Ł  F  T
I  E  K  I  N  O  W  I  N  C  R  A  C  O
N  L  D  T  E  Q  Y  D  T  I  Q  X  X  R
A  Z  R  A  D  Ż  S  T  A  D  I  O  N  I
V  V  Z  L  S  P  A  S  W  D  D  B  Ł  U
S  U  P  E  R  M  A  R  K  E  T  X  Ł  M
S  Ł  L  A  B  O  R  A  T  O  R  I  U  M
```

| | |
|---|---|
| AMBASADA | HOTEL |
| APARTAMENT | LABORATORIUM |
| KABINA | MUZEUM |
| ZAMEK | OBSERWATORIUM |
| KINO | STADION |
| SZKOŁA | SUPERMARKET |
| GARAŻ | NAMIOT |
| STODOŁA | TEATR |
| SZPITAL | WIEŻA |

# 89 - Pêche

```
M  O  P  R  Z  E  S  A  D  A  E  C  Q  P
W  O  D  A  D  U  P  U  R  V  Q  I  X  R
A  X  Z  Q  L  Ł  R  Y  U  S  Ł  E  H  Z
G  H  D  K  G  O  Z  Y  T  Z  Z  R  D  Y
A  K  W  Ł  E  O  Ę  H  Z  C  J  P  L  N
D  L  A  H  O  C  T  X  V  Z  Y  L  R  Ę
K  O  S  Z  K  E  R  O  O  Ę  Y  I  V  T
D  Z  X  C  H  A  K  Z  W  K  X  W  P  A
T  N  K  V  A  N  S  K  E  A  J  O  L  Y
I  T  W  A  Q  I  F  Q  V  K  Ć  Ś  A  Z
Q  J  F  F  E  U  X  P  E  Z  A  Ć  Ż  K
Ł  Ó  D  Ź  T  N  S  K  R  Z  E  L  A  J
F  P  W  J  D  J  E  Z  I  O  R  O  I  R
C  M  O  Q  I  Q  L  E  T  A  A  Z  J  T
```

PRZYNĘTA
ŁÓDŹ
SKRZELA
HAK
GOTOWAĆ
WODA
PRZESADA
SPRZĘT
DRUT

RZEKA
JEZIORO
SZCZĘKA
OCEAN
KOSZ
CIERPLIWOŚĆ
PLAŻA
WAGA

# 90 - Activités et Loisirs

```
B  P  Ł  G  C  U  T  L  S  Q  S  G  D  R
K  A  I  Z  M  U  E  K  R  Z  L  G  I  P
E  M  S  Ł  I  T  N  M  Y  U  T  O  H  Ł
M  A  I  E  K  Z  I  N  H  O  L  U  C  Y
P  L  A  U  B  A  S  X  U  S  C  D  K  W
I  A  T  X  O  A  N  G  M  V  R  G  I  A
N  R  K  F  K  R  L  O  H  O  B  B  Y  N
G  S  Ó  C  S  Q  M  L  Ż  V  R  L  T  I
Y  T  W  Q  S  U  R  F  I  N  G  B  C  E
B  W  K  N  N  U  R  K  O  W  A  N  I  E
V  O  A  O  D  P  R  Ę  Ż  A  J  Ą  C  Y
W  Y  Ś  C  I  G  I  P  O  D  R  Ó  Ż  Ł
W  Ę  D  R  Ó  W  K  I  Y  H  L  F  Z  O
W  Ę  D  K  A  R  S  T  W  O  G  V  U  D
```

| | |
|---|---|
| SZTUKA | MALARSTWO |
| BASEBALL | WĘDKARSTWO |
| BOKS | NURKOWANIE |
| KEMPING | WĘDRÓWKI |
| WYŚCIGI | ODPRĘŻAJĄCY |
| PIŁKA NOŻNA | SURFING |
| GOLF | TENIS |
| PŁYWANIE | SIATKÓWKA |
| HOBBY | PODRÓŻ |

# 91 - Livres

```
W Y N A L A Z C Z Y K U I M
S E R I A O H D I R N S S P
W I E R S Z U F W F Y U T Ł
D U A L I Z M Y D L E V O P
E J V H K P O W I E Ś Ć T R
L P H B O Ł R K B E R A N Z
I N I V L Ł Y O P E C P E Y
T A S C E K S N Y O N C M G
E R T L K H T T Z S E N H O
R R O S C I Y E R R W Z J D
A A R H J I C K T O B C J A
C T I G A H Z S S R N F E A
K O A L B P N T P W K A E O
I R G C G C Y A U T O R H A
```

AUTOR
PRZYGODA
KOLEKCJA
KONTEKST
DUALIZM
EPICKI
HISTORIA
HUMORYSTYCZNY
WYNALAZCZY

LITERACKI
NARRATOR
STRONA
ISTOTNE
WIERSZ
POEZJA
POWIEŚĆ
SERIA

# 92 - Pays #2

```
I  R  L  A  N  D  I  A  Z  V  K  S  J  J
P  A  K  I  S  T  A  N  X  L  E  U  A  A
Z  U  A  J  A  V  L  N  B  Q  N  D  P  M
J  P  J  M  J  R  B  C  I  K  I  A  O  A
P  N  A  T  U  G  A  N  D  A  A  N  N  J
S  W  A  M  T  E  N  C  L  A  O  S  I  K
L  H  E  X  X  L  I  D  G  Z  K  Y  A  A
Ł  I  R  S  F  R  A  N  C  J  A  R  X  U
V  U  B  C  H  I  N  Y  J  M  C  I  J  K
H  Z  V  A  V  U  E  H  R  F  K  A  T  R
M  A  W  U  N  I  N  D  O  N  E  Z  J  A
N  U  I  C  X  M  E  K  S  Y  K  R  Q  I
C  W  M  T  M  C  Ł  Ł  J  J  Y  L  W  N
F  H  B  J  I  S  O  M  A  L  I  A  U  A
```

| | |
|---|---|
| ALBANIA | LAOS |
| CHINY | LIBAN |
| DANIA | MEKSYK |
| FRANCJA | UGANDA |
| HAITI | PAKISTAN |
| INDONEZJA | ROSJA |
| IRLANDIA | SOMALIA |
| JAMAJKA | SUDAN |
| JAPONIA | SYRIA |
| KENIA | UKRAINA |

# 93 - Fournitures d'Art

```
W O G F I A U P P O A K K D
G O Q Q A T O Ł O Ł K R R Y
U L I J W R H M M Ó W E Z K
M E I F O A B W Y W A A E L
K J V N D M D Y S K R T S E
A L S Q A E W D Ł I E Y Ł J
O L I N K N Y Y Y M L W O A
P C B C R T S T Ó Ł E N F H
A Ę X R Y O K Z R L C O Q P
S X D C L W O C X N S Ś N Z
T M S Z T A L U G A H Ć Z G
E L Q Y L N O T K A M E R A
L P A P I E R H R T A O R D
E Y G B Ł D Y B A I J O S T
```

| | |
|---|---|
| AKRYL | KREATYWNOŚĆ |
| AKWARELE | WODA |
| GLINA | ATRAMENT |
| PĘDZLE | GUMKA |
| KAMERA | OLEJ |
| KRZESŁO | POMYSŁY |
| SZTALUGA | PAPIER |
| KLEJ | PASTELE |
| KOLORY | FARBY |
| OŁÓWKI | STÓŁ |

# 94 - Jouets

```
Ł  L  I  X  T  Z  Y  H  P  Q  C  T  A  R
Q  Ó  A  V  N  J  H  R  O  B  O  T  R  Z
A  S  D  T  S  L  M  O  C  O  E  K  L  E
U  F  C  Ź  A  Y  K  W  I  G  B  J  V  M
U  P  I  W  M  W  S  E  Ą  P  G  R  Y  I
L  I  Ę  Y  O  S  I  R  G  U  T  Q  B  O
U  Ł  Ż  O  L  A  Ą  E  I  Z  W  S  Ę  S
B  K  A  B  O  M  Ż  G  C  Z  C  Z  B  Ł
I  A  R  R  T  O  K  L  A  L  K  A  N  A
O  Z  Ó  A  L  C  I  I  W  E  R  C  Y  X
N  T  W  Ź  H  H  P  N  N  V  E  H  W  F
Y  U  K  N  V  Ó  U  A  J  I  D  Y  Ł  P
W  U  A  I  T  D  M  K  J  A  K  G  H  U
Ł  K  Z  A  A  N  O  C  X  X  I  N  H  C
```

| | |
|---|---|
| GLINA | WYOBRAŹNIA |
| RZEMIOSŁA | GRY |
| SAMOLOT | KSIĄŻKI |
| PIŁKA | LALKA |
| ŁÓDŹ | PUZZLE |
| CIĘŻARÓWKA | ROBOT |
| LATAWIEC | BĘBNY |
| KREDKI | POCIĄG |
| SZACHY | ROWER |
| ULUBIONY | SAMOCHÓD |

# 95 - Eau

```
M O N S U N C R K C L M F K
F R F A L E R Z L U Ó T P Y
L J Z H U R A G A N D N F I
Q P J E Z I O R O A E S L O
U O F G K A N A Ł W H B M B
P F Z O P A R O W A N I E K
O L B F Ś N I E G D S Q P E
W I L G O T N Y Y N T Q R I
Ó F G C L A P Y M I R Q Y W
D G I E L B K A Z A U D S I
Ź D I N J M R Ó Z N M G Z L
O C E A N Z E Q T I I W N G
D E S Z C Z E Q S E E D I O
P A R O W Y I R O D Ń Z C Ć
```

| | |
|---|---|
| KANAŁ | POWÓDŹ |
| PRYSZNIC | NAWADNIANIE |
| PAROWANIE | JEZIORO |
| RZEKA | MONSUN |
| STRUMIEŃ | ŚNIEG |
| MRÓZ | OCEAN |
| GEJZER | HURAGAN |
| LÓD | DESZCZ |
| WILGOTNY | FALE |
| WILGOĆ | PAROWY |

# 96 - Paysages

```
C W Z G Ó R Z E J J G Ł G U
D O L I N A P B A E C Ó Ó I
W D B A G N O C S Z P L R H
U O C E A N J D K I U A A A
L S P R Z E K A I O S U L E
K P H Ó K S J I N R T O O L
A A Ł U Ł C W P I O Y A D O
N D G W A W Q F A G N Z O D
B P A D Y H Y Z S R I A W O
M O R Z E S G S P L A Ż A W
L L C U T N P G E J Z E R I
X P T U N D R A T P S P X E
T P D X U Y I D N E Ł Y B C
I P Q I X K L U I Y J W D Q
```

| | |
|---|---|
| WODOSPAD | BAGNO |
| WZGÓRZE | MORZE |
| PUSTYNIA | GÓRA |
| RZEKA | OAZA |
| GEJZER | OCEAN |
| LODOWIEC | PÓŁWYSEP |
| JASKINIA | PLAŻA |
| GÓRA LODOWA | TUNDRA |
| WYSPA | DOLINA |
| JEZIORO | WULKAN |

# 97 - Nombres

```
O  S  S  Z  E  S  N  A  Ś  C  I  E  T  P
R  S  I  U  G  Ł  Z  H  S  Z  D  R  R  I
G  O  I  E  R  T  E  S  I  T  W  D  Z  Ę
C  W  N  E  D  I  R  T  E  E  A  W  Y  T
H  A  D  S  M  E  O  R  D  R  N  A  N  N
O  D  Z  P  R  L  M  Z  E  N  A  D  A  A
V  S  I  Z  I  L  U  Y  M  A  Ś  Z  Ś  Ś
J  Q  E  F  G  Ę  Ł  T  N  Ś  C  I  C  C
E  C  S  Z  E  Ś  Ć  X  A  C  I  E  I  I
D  Z  I  E  S  I  Ę  Ć  Ś  I  E  Ś  E  E
E  T  Ę  D  W  A  P  E  C  E  Y  C  B  K
N  E  T  G  G  O  D  Z  I  E  W  I  Ę  Ć
H  R  N  Q  O  Z  R  H  E  Ł  S  A  R  C
G  Y  Y  O  S  I  E  M  N  A  Ś  C  I  E
```

| | |
|---|---|
| PIĘĆ | CZTERY |
| DWA | PIĘTNAŚCIE |
| DZIESIĘTNY | SZESNAŚCIE |
| DZIESIĘĆ | SIEDEM |
| OSIEMNAŚCIE | SZEŚĆ |
| SIEDEMNAŚCIE | TRZYNAŚCIE |
| DWANAŚCIE | TRZY |
| OSIEM | JEDEN |
| DZIEWIĘĆ | DWADZIEŚCIA |
| CZTERNAŚCIE | ZERO |

# 98 - Nature

```
Q  Z  I  F  S  J  O  B  A  P  R  R  P  O
N  Y  N  K  Q  G  P  S  H  L  C  Z  I  Q
R  R  S  P  O  K  O  J  N  A  H  E  Ę  H
N  R  P  U  S  T  Y  N  I  A  M  K  K  C
T  R  O  P  I  K  A  L  N  Y  U  A  N  L
G  H  K  Ł  N  M  G  Ł  A  E  R  F  O  D
L  B  O  P  S  Z  C  Z  O  Ł  Y  F  P  B
O  P  J  L  I  Ś  C  I  S  T  O  T  N  E
D  Y  N  A  M  I  C  Z  N  Y  M  J  Ł  Z
O  Z  Y  S  A  N  K  T  U  A  R  I  U  M
W  N  I  S  C  H  R  O  N  I  E  N  I  E
I  A  R  K  T  Y  C  Z  N  Y  T  W  V  X
E  I  I  G  I  Z  W  I  E  R  Z  Ą  T  H
C  Y  A  E  R  O  Z  J  A  R  O  H  T  U
```

| | |
|---|---|
| PSZCZOŁY | RZEKA |
| SCHRONIENIE | LAS |
| ZWIERZĄT | LODOWIEC |
| ARKTYCZNY | CHMURY |
| PIĘKNO | SPOKOJNA |
| MGŁA | SANKTUARIUM |
| PUSTYNIA | DZIKI |
| DYNAMICZNY | SPOKOJNY |
| EROZJA | TROPIKALNY |
| LIŚCI | ISTOTNE |

# 99 - Bateaux

```
I  Z  T  R  A  T  W  A  H  U  F  Q  M  L
S  A  M  O  R  Z  E  P  K  M  N  Z  H  U
I  Ł  B  O  J  A  H  X  O  A  Z  B  F  N
L  O  L  G  R  W  A  J  T  R  J  U  X  F
N  G  Z  T  O  S  S  E  W  Y  E  A  E  A
I  A  R  A  O  J  K  Z  I  N  W  Ż  K  L
K  C  C  Z  C  N  D  I  C  A  N  A  A  A
C  T  G  G  E  Ł  N  O  A  R  L  G  I  J
E  I  A  Z  A  K  L  R  W  Z  I  L  F  A
L  T  D  X  N  Z  A  O  F  U  N  Ó  A  C
N  A  U  T  Y  C  Z  N  Y  K  A  W  L  H
I  T  Z  J  X  Q  A  O  P  F  Y  K  E  T
T  M  A  S  Z  T  A  Y  F  L  Y  A  S  Y
P  R  O  M  V  N  L  G  K  Ł  C  Y  D  G
```

| | |
|---|---|
| KOTWICA | MORSKI |
| BOJA | MASZT |
| LINA | MORZE |
| ZAŁOGA | SILNIK |
| PROM | NAUTYCZNY |
| RZEKA | OCEAN |
| KAJAK | TRATWA |
| JEZIORO | FALE |
| FALA | ŻAGLÓWKA |
| MARYNARZ | JACHT |

# 100 - Mesures

```
S Z E R O K O Ś Ć F L I T R
J O U R A D K L Y K X Ł O S
M W D Z I E S I Ę T N Y N Z
E A D O T B X F L I Q Q A Q
T G S T O P I E Ń O Y S P B
R A P A O G Z C J P M C E N
K O U N C J A A Y Y F E G G
I B L D D X H L J B A J T N
L J J O Ł C E N T Y M E T R
O Ę A M U Z G T X X M Z V Y
G T O H G Ł Ę B O K O Ś Ć P
R O J J O R W Y S O K O Ś Ć
A Ś K Ł Ś S A W D X D I E W
M Ć B Q Ć X Q M M I N U T A
```

| | |
|---|---|
| CENTYMETR | MASA |
| STOPIEŃ | METR |
| DZIESIĘTNY | MINUTA |
| GRAM | BAJT |
| WYSOKOŚĆ | UNCJA |
| KILOGRAM | WAGA |
| KILOMETR | CAL |
| SZEROKOŚĆ | GŁĘBOKOŚĆ |
| LITR | TONA |
| DŁUGOŚĆ | OBJĘTOŚĆ |

# 1 - Été

# 2 - Adjectifs #2

# 3 - Exploration

# 4 - Formes

# 5 - Adjectifs #1

# 6 - Instruments de Musique

# 7 - Échecs

# 8 - Herboristerie

# 9 - Véhicules

# 10 - Camping

# 11 - Conservation

# 12 - Écologie

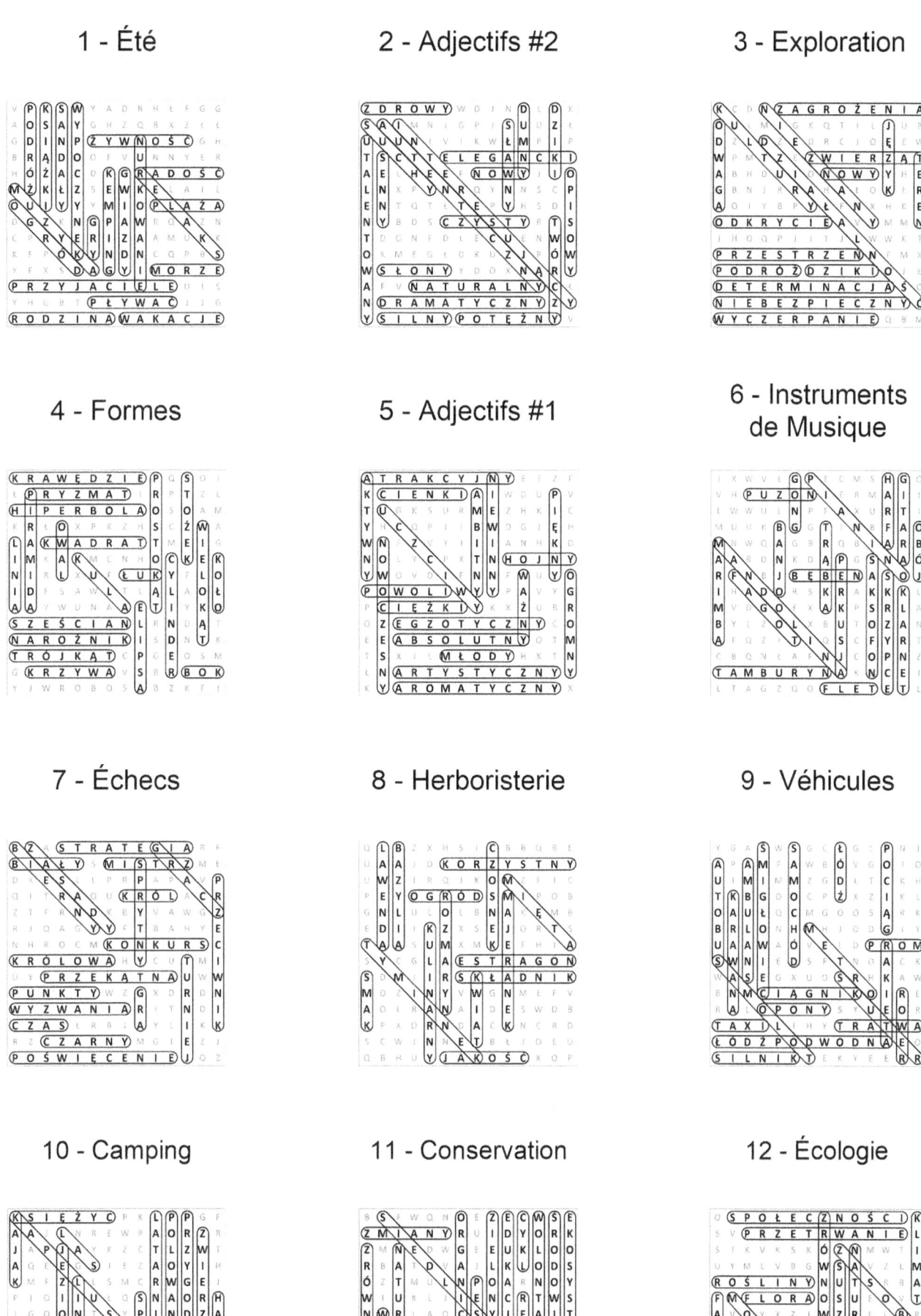

# 13 - Astronomie

# 14 - Types de Cheveux

# 15 - Restaurant #1

# 16 - Mammifères

# 17 - Sports

# 18 - Chocolat

# 19 - Mathématiques

# 20 - Mythologie

# 21 - Restaurant #2

# 22 - Couleurs

# 23 - Avions

# 24 - Aventure

## 25 - Ville

## 26 - Cuisine

## 27 - Corps Humain

## 28 - Épices

## 29 - Science

## 30 - Chats

## 31 - Vêtements

## 32 - Arts Visuels

## 33 - Méditation

## 34 - Littérature

## 35 - Nourriture #1

## 36 - Jours et Mois

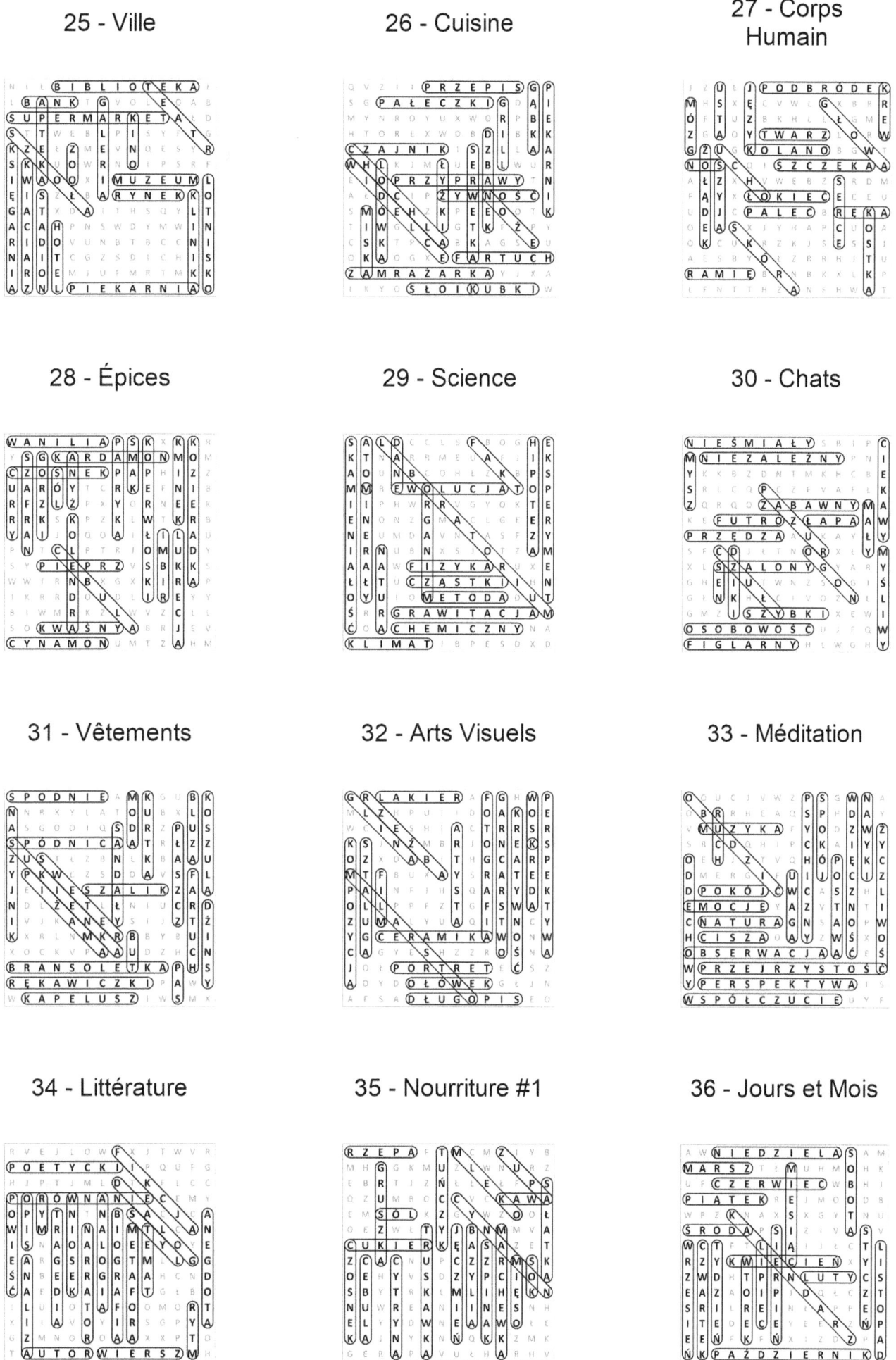

## 37 - Championnat

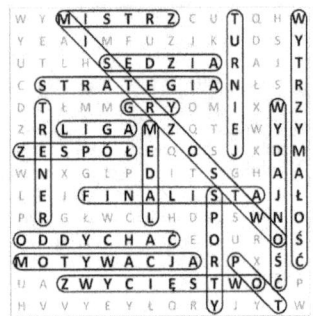

## 38 - Pirates

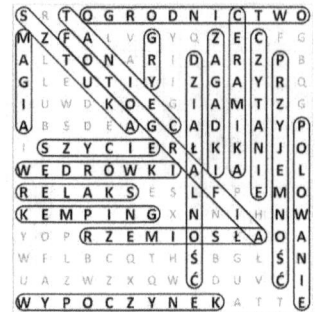

## 39 - Activités

## 40 - Fleurs

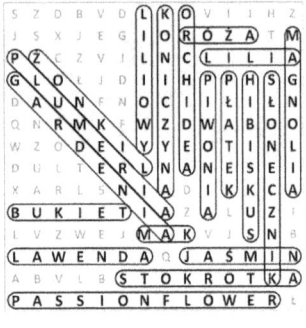

## 41 - Nourriture #2

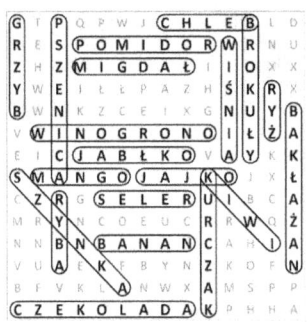

## 42 - Océan

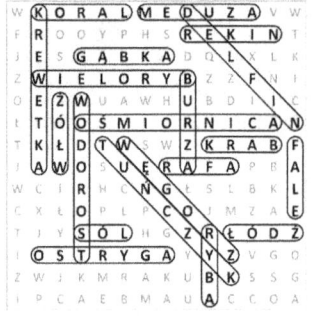

## 43 - Remplir

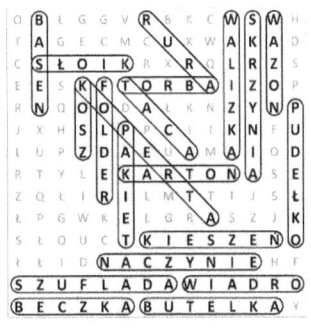

## 44 - Ballet

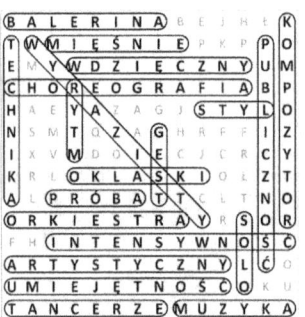

## 45 - Fruit

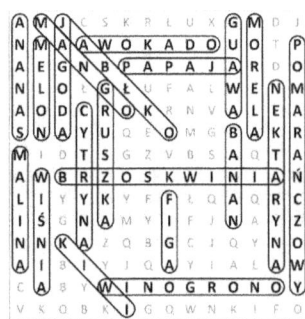

## 46 - Surf

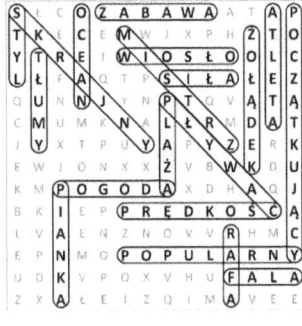

## 47 - Technologie

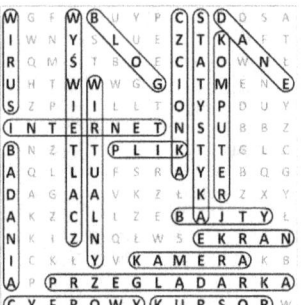

## 48 - Comédie

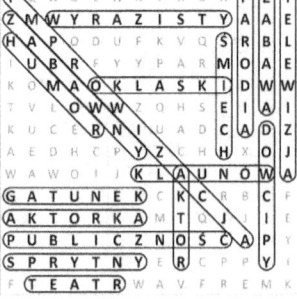

## 49 - Météo

## 50 - Châteaux

## 51 - Randonnée

## 52 - Meubles

## 53 - Art

## 54 - Nutrition

## 55 - Science Fiction

## 56 - Vertus #1

## 57 - Professions #1

## 58 - Géologie

## 59 - Cirque

## 60 - Jardin

## 61 - Barbecues

## 62 - Anniversaire

## 63 - Animaux de Compagnie

## 64 - Forêt Tropicale

## 65 - Insectes

## 66 - Ferme #1

## 67 - Escalade

## 68 - École #2

## 69 - Antarctique

## 70 - Professions #2

## 71 - Les Abeilles

## 72 - Dinosaures

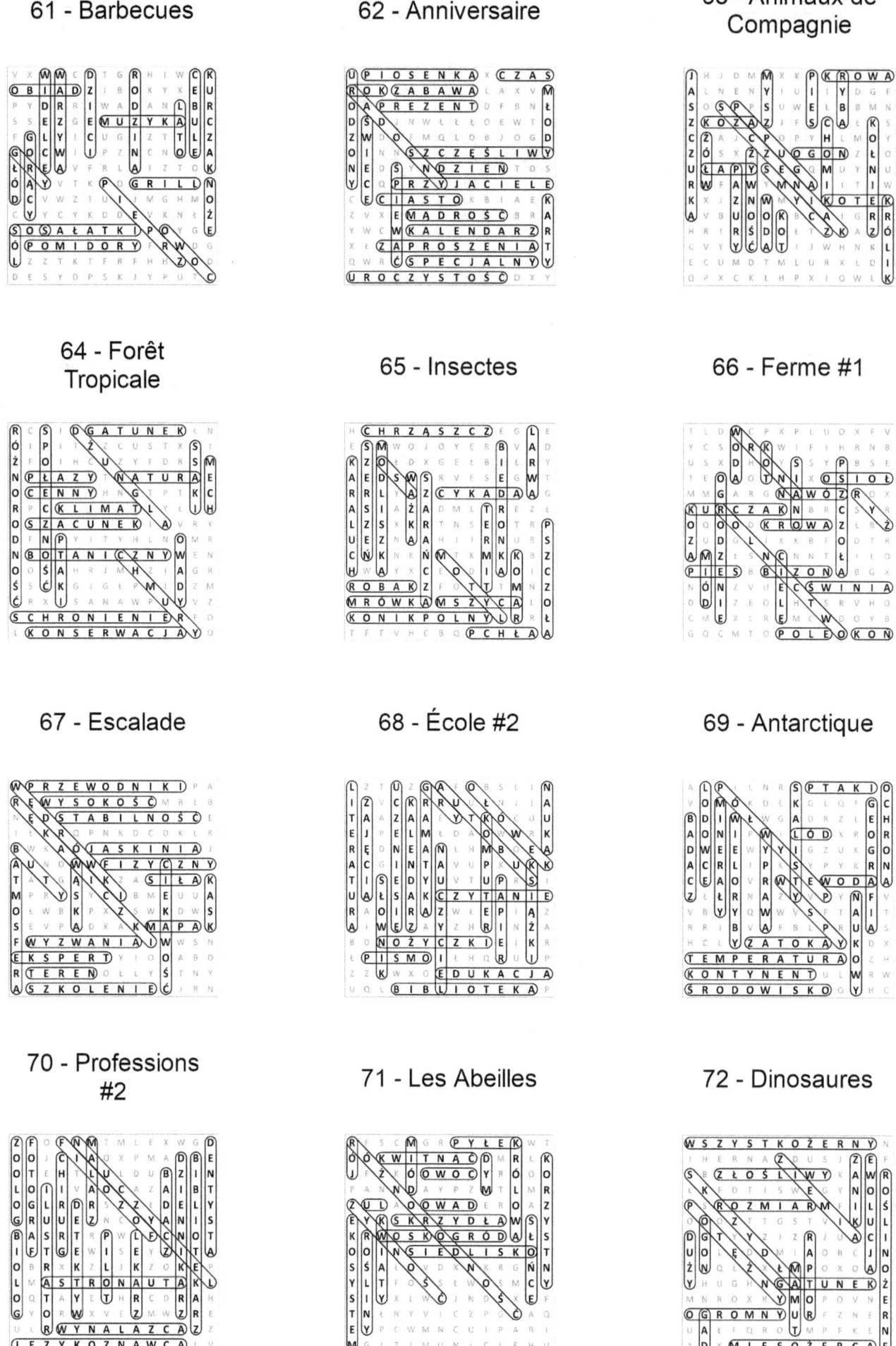

## 73 - Conduite

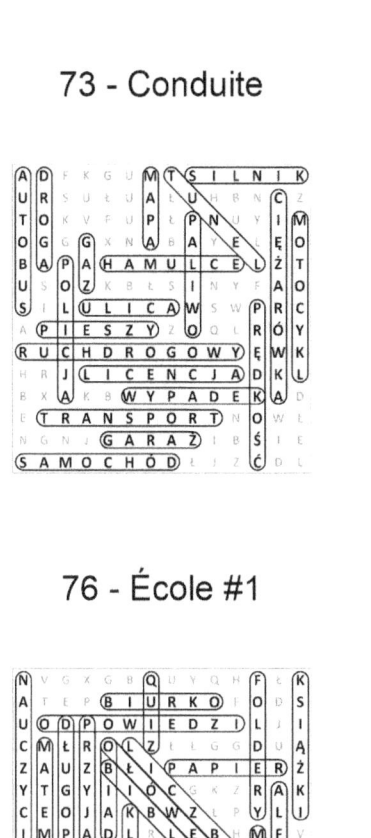

## 74 - Plantes

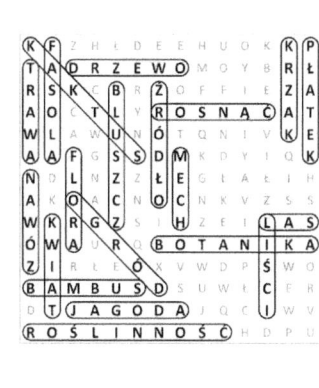

## 75 - Ferme #2

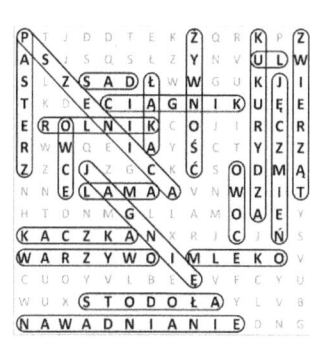

## 76 - École #1

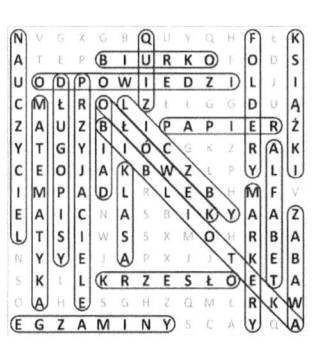

## 77 - Vacances #2

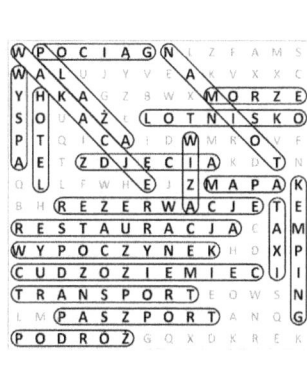

## 78 - Temps

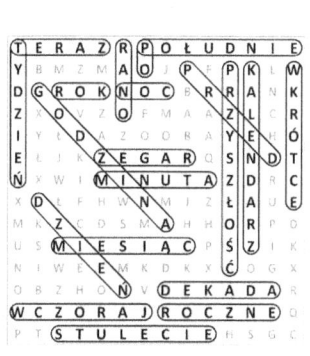

## 79 - Maison

## 80 - Légumes

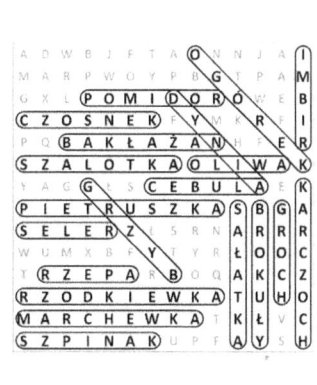

## 81 - Plage

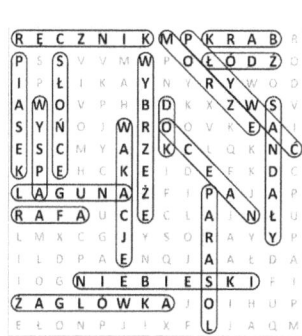

## 82 - Famille

## 83 - Oiseaux

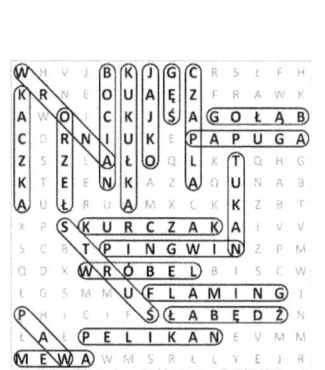

## 84 - Disciplines Scientifiques

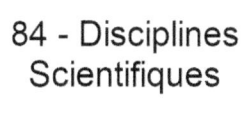
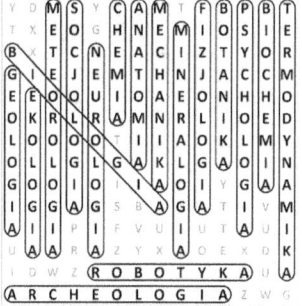

## 85 - Émotions

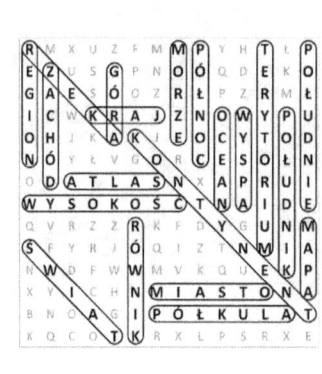

## 86 - Géographie

## 87 - Danse

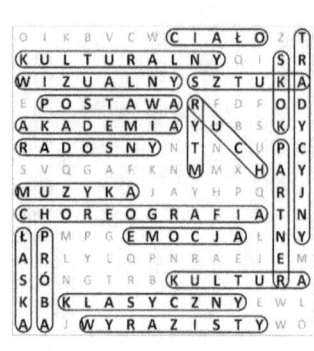

## 88 - Bâtiments

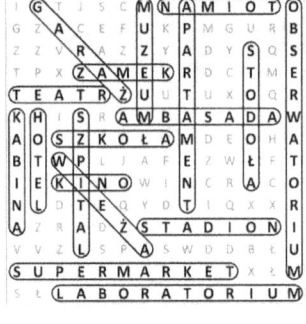

## 89 - Pêche

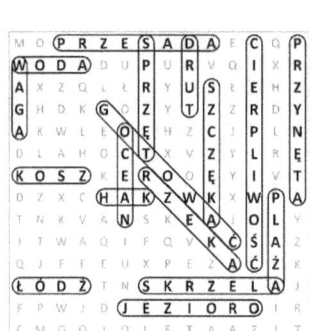

## 90 - Activités et Loisirs

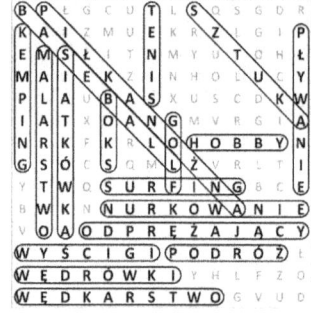

## 91 - Livres

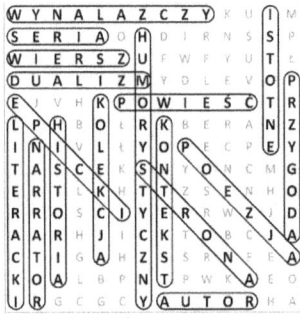

## 92 - Pays #2

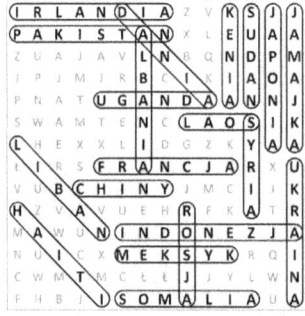

## 93 - Fournitures d'Art

## 94 - Jouets

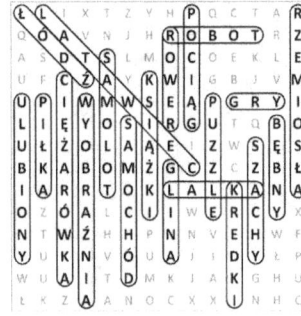

## 95 - Eau

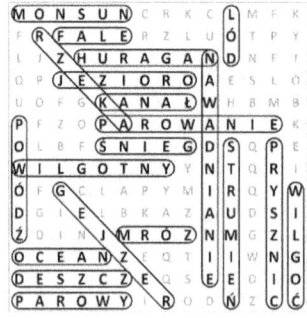

## 96 - Paysages

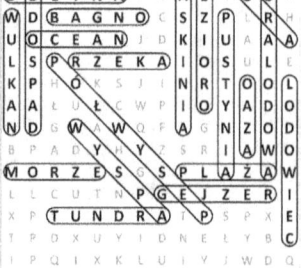

## 97 - Nombres

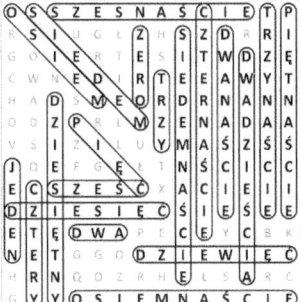

## 98 - Nature

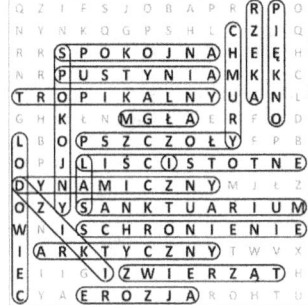

## 99 - Bateaux

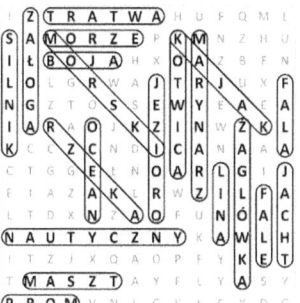

## 100 - Mesures

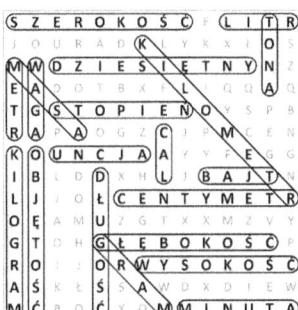

# Dictionnaire

## Activités
### Działalność

| | |
|---|---|
| Activité | Działalność |
| Art | Sztuka |
| Artisanat | Rzemiosła |
| Camping | Kemping |
| Céramique | Ceramika |
| Chasse | Polowanie |
| Compétence | Umiejętność |
| Couture | Szycie |
| Danse | Taniec |
| Jardinage | Ogrodnictwo |
| Jeux | Gry |
| Lecture | Czytanie |
| Loisir | Wypoczynek |
| Magie | Magia |
| Pêche | Wędkarstwo |
| Photographie | Fotografia |
| Plaisir | Przyjemność |
| Puzzles | Zagadki |
| Randonnée | Wędrówki |
| Relaxation | Relaks |

## Activités et Loisirs
### Aktywność i Wypoczynek

| | |
|---|---|
| Art | Sztuka |
| Base-Ball | Baseball |
| Basket-Ball | Koszykówka |
| Boxe | Boks |
| Camping | Kemping |
| Course | Wyścigi |
| Football | Piłka Nożna |
| Golf | Golf |
| Jardinage | Ogrodnictwo |
| Nager | Pływanie |
| Passe-Temps | Hobby |
| Peinture | Malarstwo |
| Pêche | Wędkarstwo |
| Plongée | Nurkowanie |
| Randonnée | Wędrówki |
| Relaxant | Odprężający |
| Surf | Surfing |
| Tennis | Tenis |
| Volley-Ball | Siatkówka |
| Voyage | Podróż |

## Adjectifs #1
### Przymiotniki # 1

| | |
|---|---|
| Absolu | Absolutny |
| Actif | Aktywny |
| Ambitieux | Ambitny |
| Aromatique | Aromatyczny |
| Artistique | Artystyczny |
| Attractif | Atrakcyjny |
| Beau | Piękny |
| Exotique | Egzotyczny |
| Énorme | Ogromny |
| Généreux | Hojny |
| Honnête | Uczciwy |
| Identique | Identyczny |
| Important | Ważny |
| Innocent | Niewinny |
| Jeune | Młody |
| Lent | Powoli |
| Lourd | Ciężki |
| Mince | Cienki |
| Moderne | Nowoczesny |
| Parfait | Doskonały |

## Adjectifs #2
### Przymiotniki # 2

| | |
|---|---|
| Authentique | Autentyczny |
| Célèbre | Sławny |
| Créatif | Twórczy |
| Descriptif | Opisowy |
| Doué | Utalentowany |
| Dramatique | Dramatyczny |
| Élégant | Elegancki |
| Fier | Dumny |
| Fort | Silny |
| Intéressant | Interesujący |
| Naturel | Naturalny |
| Nouveau | Nowy |
| Productif | Produktywny |
| Puissant | Potężny |
| Pur | Czysty |
| Sain | Zdrowy |
| Salé | Słony |
| Sauvage | Dziki |
| Sec | Suchy |
| Somnolent | Senny |

## Animaux de Compagnie
### Zwierzęta Domowe

| | |
|---|---|
| Chat | Kot |
| Chaton | Kotek |
| Chèvre | Koza |
| Chien | Pies |
| Chiot | Szczeniak |
| Collier | Kołnierz |
| Eau | Woda |
| Griffes | Pazury |
| Hamster | Chomik |
| Laisse | Smycz |
| Lapin | Królik |
| Lézard | Jaszczurka |
| Nourriture | Żywność |
| Pattes | Łapy |
| Perroquet | Papuga |
| Poisson | Ryba |
| Queue | Ogon |
| Souris | Mysz |
| Tortue | Żółw |
| Vache | Krowa |

## Anniversaire
### Urodziny

| | |
|---|---|
| Amis | Przyjaciele |
| Amusement | Zabawa |
| Année | Rok |
| Bougies | Świece |
| Cadeau | Prezent |
| Calendrier | Kalendarz |
| Cartes | Karty |
| Chanson | Piosenka |
| Chanter | Śpiewać |
| Fête | Uroczystość |
| Gâteau | Ciasto |
| Heureux | Szczęśliwy |
| Invitations | Zaproszenia |
| Jeune | Młody |
| Jour | Dzień |
| Joyeux | Radosny |
| Né | Urodzony |
| Sagesse | Mądrość |
| Spécial | Specjalny |
| Temps | Czas |

## Antarctique
### Antarktyda

| | |
|---|---|
| **Baie** | Zatoka |
| **Baleines** | Wieloryby |
| **Chercheur** | Badacz |
| **Conservation** | Ochrona |
| **Continent** | Kontynent |
| **Eau** | Woda |
| **Environnement** | Środowisko |
| **Expédition** | Wyprawa |
| **Géographie** | Geografia |
| **Glace** | Lód |
| **Glaciers** | Lodowce |
| **Îles** | Wyspy |
| **Migration** | Migracja |
| **Minéraux** | Minerały |
| **Oiseaux** | Ptaki |
| **Péninsule** | Półwysep |
| **Rocheux** | Skalisty |
| **Scientifique** | Naukowy |
| **Température** | Temperatura |
| **Topographie** | Topografia |

## Art
### Sztuka

| | |
|---|---|
| **Céramique** | Ceramiczny |
| **Complexe** | Kompleks |
| **Composition** | Kompozycja |
| **Créer** | Stwórz |
| **Dépeindre** | Przedstawiać |
| **Expression** | Wyrażenie |
| **Honnête** | Uczciwy |
| **Humeur** | Nastrój |
| **Inspiré** | Zainspirowany |
| **Original** | Oryginał |
| **Peintures** | Obrazy |
| **Personnel** | Osobisty |
| **Poésie** | Poezja |
| **Sculpture** | Rzeźba |
| **Simple** | Prosty |
| **Sujet** | Temat |
| **Surréalisme** | Surrealizm |
| **Symbole** | Symbol |
| **Visuel** | Wizualny |

## Arts Visuels
### Sztuki Wizualne

| | |
|---|---|
| **Architecture** | Architektura |
| **Argile** | Glina |
| **Artiste** | Artysta |
| **Céramique** | Ceramika |
| **Chef-D'Œuvre** | Arcydzieło |
| **Chevalet** | Sztaluga |
| **Cire** | Wosk |
| **Composition** | Kompozycja |
| **Craie** | Kreda |
| **Crayon** | Ołówek |
| **Créativité** | Kreatywność |
| **Film** | Film |
| **Peinture** | Malarstwo |
| **Perspective** | Perspektywa |
| **Photographie** | Fotografia |
| **Portrait** | Portret |
| **Poterie** | Garncarstwo |
| **Sculpture** | Rzeźba |
| **Stylo** | Długopis |
| **Vernis** | Lakier |

## Astronomie
### Astronomia

| | |
|---|---|
| **Astéroïde** | Asteroida |
| **Astronaute** | Astronauta |
| **Astronome** | Astronom |
| **Ciel** | Niebo |
| **Constellation** | Konstelacja |
| **Cosmos** | Kosmos |
| **Éclipse** | Zaćmienie |
| **Équinoxe** | Równonoc |
| **Fusée** | Rakieta |
| **Galaxie** | Galaktyka |
| **Lune** | Księżyc |
| **Météore** | Meteor |
| **Nébuleuse** | Mgławica |
| **Observatoire** | Obserwatorium |
| **Planète** | Planeta |
| **Satellite** | Satelita |
| **Solaire** | Słoneczny |
| **Supernova** | Supernowa |
| **Terre** | Ziemia |
| **Univers** | Wszechświat |

## Aventure
### Przygoda

| | |
|---|---|
| **Activité** | Działalność |
| **Amis** | Przyjaciele |
| **Beauté** | Piękno |
| **Bravoure** | Odwaga |
| **Chance** | Szansa |
| **Dangereux** | Niebezpieczny |
| **Défis** | Wyzwania |
| **Difficulté** | Trudność |
| **Enthousiasme** | Entuzjazm |
| **Excursion** | Wycieczka |
| **Inhabituel** | Niezwykły |
| **Joie** | Radość |
| **Nature** | Natura |
| **Navigation** | Nawigacja |
| **Nouveau** | Nowy |
| **Opportunité** | Okazja |
| **Préparation** | Przygotowanie |
| **Surprenant** | Zaskakujący |
| **Voyages** | Podróże |

## Avions
### Samoloty

| | |
|---|---|
| **Air** | Powietrze |
| **Atmosphère** | Atmosfera |
| **Atterrissage** | Lądowanie |
| **Aventure** | Przygoda |
| **Ballon** | Balon |
| **Carburant** | Paliwo |
| **Ciel** | Niebo |
| **Construction** | Budowa |
| **Descente** | Zejście |
| **Direction** | Kierunek |
| **Équipage** | Załoga |
| **Gonfler** | Nadmuchać |
| **Hauteur** | Wysokość |
| **Hélices** | Śmigła |
| **Histoire** | Historia |
| **Hydrogène** | Wodór |
| **Moteur** | Silnik |
| **Passager** | Pasażer |
| **Pilote** | Pilot |
| **Turbulence** | Turbulencja |

## Ballet
### Balet

| | |
|---|---|
| **Applaudissement** | Oklaski |
| **Artistique** | Artystyczny |
| **Ballerine** | Balerina |
| **Chorégraphie** | Choreografia |
| **Compétence** | Umiejętność |
| **Compositeur** | Kompozytor |
| **Danseurs** | Tancerze |
| **Expressif** | Wyrazisty |
| **Geste** | Gest |
| **Gracieux** | Wdzięczny |
| **Intensité** | Intensywność |
| **Muscles** | Mięśnie |
| **Musique** | Muzyka |
| **Orchestre** | Orkiestra |
| **Public** | Publiczność |
| **Répétition** | Próba |
| **Rythme** | Rytm |
| **Solo** | Solo |
| **Style** | Styl |
| **Technique** | Technika |

## Barbecues
### Grillowanie

| | |
|---|---|
| **Chaud** | Gorący |
| **Couteaux** | Noże |
| **Dîner** | Obiad |
| **Enfants** | Dzieci |
| **Été** | Lato |
| **Faim** | Głód |
| **Famille** | Rodzina |
| **Fourchettes** | Widelce |
| **Fruit** | Owoc |
| **Gril** | Grill |
| **Jeux** | Gry |
| **Légumes** | Warzywa |
| **Musique** | Muzyka |
| **Oignons** | Cebule |
| **Poivre** | Pieprz |
| **Poulet** | Kurczak |
| **Salades** | Sałatki |
| **Sauce** | Sos |
| **Sel** | Sól |
| **Tomates** | Pomidory |

## Bateaux
### Łodzie

| | |
|---|---|
| **Ancre** | Kotwica |
| **Bouée** | Boja |
| **Corde** | Lina |
| **Équipage** | Załoga |
| **Ferry** | Prom |
| **Fleuve** | Rzeka |
| **Kayak** | Kajak |
| **Lac** | Jezioro |
| **Marée** | Fala |
| **Marin** | Marynarz |
| **Maritime** | Morski |
| **Mât** | Maszt |
| **Mer** | Morze |
| **Moteur** | Silnik |
| **Nautique** | Nautyczny |
| **Océan** | Ocean |
| **Radeau** | Tratwa |
| **Vagues** | Fale |
| **Voilier** | Żaglówka |
| **Yacht** | Jacht |

## Bâtiments
### Budynek

| | |
|---|---|
| **Ambassade** | Ambasada |
| **Appartement** | Apartament |
| **Cabine** | Kabina |
| **Château** | Zamek |
| **Cinéma** | Kino |
| **École** | Szkoła |
| **Garage** | Garaż |
| **Grange** | Stodoła |
| **Hôpital** | Szpital |
| **Hôtel** | Hotel |
| **Laboratoire** | Laboratorium |
| **Musée** | Muzeum |
| **Observatoire** | Obserwatorium |
| **Stade** | Stadion |
| **Supermarché** | Supermarket |
| **Tente** | Namiot |
| **Théâtre** | Teatr |
| **Tour** | Wieża |
| **Université** | Uniwersytet |
| **Usine** | Fabryka |

## Camping
### Kemping

| | |
|---|---|
| **Animaux** | Zwierząt |
| **Aventure** | Przygoda |
| **Boussole** | Kompas |
| **Cabine** | Kabina |
| **Canoë** | Kajak |
| **Carte** | Mapa |
| **Chapeau** | Kapelusz |
| **Chasse** | Polowanie |
| **Corde** | Lina |
| **Équipement** | Sprzęt |
| **Feu** | Ogień |
| **Forêt** | Las |
| **Hamac** | Hamak |
| **Insecte** | Owad |
| **Lac** | Jezioro |
| **Lanterne** | Latarnia |
| **Lune** | Księżyc |
| **Montagne** | Góra |
| **Nature** | Natura |
| **Tente** | Namiot |

## Championnat
### Mistrzostwo

| | |
|---|---|
| **Champion** | Mistrz |
| **Championnat** | Mistrzostwo |
| **Endurance** | Wytrzymałość |
| **Entraîneur** | Trener |
| **Équipe** | Zespół |
| **Finaliste** | Finalista |
| **Jeux** | Gry |
| **Juge** | Sędzia |
| **Ligue** | Liga |
| **Médaille** | Medal |
| **Motivation** | Motywacja |
| **Performance** | Wydajność |
| **Respirer** | Oddychać |
| **Sports** | Sporty |
| **Stratégie** | Strategia |
| **Tournoi** | Turniej |
| **Transpiration** | Pot |
| **Victoire** | Zwycięstwo |

## Chats
### Koty

| | |
|---|---|
| **Affectueux** | Czuły |
| **Chasseur** | Myśliwy |
| **Curieux** | Ciekawy |
| **Dormir** | Sen |
| **Drôle** | Zabawny |
| **Espiègle** | Figlarny |
| **Fil** | Przędza |
| **Fou** | Szalony |
| **Fourrure** | Futro |
| **Griffe** | Pazur |
| **Indépendant** | Niezależny |
| **Patte** | Łapa |
| **Personnalité** | Osobowość |
| **Peu** | Mały |
| **Queue** | Ogon |
| **Rapide** | Szybki |
| **Sauvage** | Dziki |
| **Souris** | Mysz |
| **Timide** | Nieśmiały |

## Châteaux
### Zamki

| | |
|---|---|
| **Armure** | Zbroja |
| **Bouclier** | Tarcza |
| **Catapulte** | Katapulta |
| **Cheval** | Koń |
| **Chevalier** | Rycerz |
| **Couronne** | Korona |
| **Dragon** | Smok |
| **Dynastie** | Dynastia |
| **Empire** | Imperium |
| **Épée** | Miecz |
| **Féodal** | Feudalny |
| **Forteresse** | Twierdza |
| **Licorne** | Jednorożec |
| **Mur** | Ściana |
| **Noble** | Szlachetny |
| **Palais** | Pałac |
| **Prince** | Książę |
| **Princesse** | Księżniczka |
| **Royaume** | Królestwo |
| **Tour** | Wieża |

## Chocolat
### Czekolada

| | |
|---|---|
| **Amer** | Gorzki |
| **Antioxydant** | Antyoksydant |
| **Arôme** | Aromat |
| **Bonbon** | Cukierek |
| **Cacao** | Kakao |
| **Calories** | Kalorie |
| **Caramel** | Karmel |
| **Délicieux** | Pyszny |
| **Doux** | Słodkie |
| **Exotique** | Egzotyczny |
| **Favori** | Ulubiony |
| **Goût** | Smak |
| **Ingrédient** | Składnik |
| **Noix de Coco** | Kokos |
| **Poudre** | Proszek |
| **Qualité** | Jakość |
| **Recette** | Przepis |
| **Sucre** | Cukier |

## Cirque
### Cyrk

| | |
|---|---|
| **Acrobate** | Akrobata |
| **Animaux** | Zwierząt |
| **Ballons** | Balony |
| **Billet** | Bilet |
| **Bonbon** | Cukierek |
| **Clown** | Klaun |
| **Costume** | Kostium |
| **Éléphant** | Słoń |
| **Jongleur** | Żongler |
| **Lion** | Lew |
| **Magicien** | Magik |
| **Magie** | Magia |
| **Montrer** | Pokazać |
| **Musique** | Muzyka |
| **Parade** | Parada |
| **Singe** | Małpa |
| **Spectaculaire** | Spektakularny |
| **Spectateur** | Widz |
| **Tente** | Namiot |
| **Tigre** | Tygrys |

## Comédie
### Komedia

| | |
|---|---|
| **Acteur** | Aktor |
| **Actrice** | Aktorka |
| **Amusement** | Zabawa |
| **Applaudissement** | Oklaski |
| **Blagues** | Dowcipy |
| **Clowns** | Klaunów |
| **Drôle** | Zabawny |
| **Expressif** | Wyrazisty |
| **Genre** | Gatunek |
| **Humour** | Humor |
| **Improvisation** | Improwizacja |
| **Intelligent** | Sprytny |
| **Parodie** | Parodia |
| **Public** | Publiczność |
| **Rire** | Śmiech |
| **Télévision** | Telewizja |
| **Théâtre** | Teatr |

## Conduite
### Prowadzenie Pojazdów

| | |
|---|---|
| **Accident** | Wypadek |
| **Bus** | Autobus |
| **Camion** | Ciężarówka |
| **Carburant** | Paliwo |
| **Carte** | Mapa |
| **Freins** | Hamulce |
| **Garage** | Garaż |
| **Gaz** | Gaz |
| **Licence** | Licencja |
| **Moteur** | Silnik |
| **Moto** | Motocykl |
| **Piéton** | Pieszy |
| **Police** | Policja |
| **Route** | Droga |
| **Rue** | Ulica |
| **Trafic** | Ruch Drogowy |
| **Transport** | Transport |
| **Tunnel** | Tunel |
| **Vitesse** | Prędkość |
| **Voiture** | Samochód |

## Conservation
### Ochrona Przyrody

| | |
|---|---|
| **Bénévole** | Wolontariusz |
| **Changements** | Zmiany |
| **Climat** | Klimat |
| **Cycle** | Cykl |
| **Durable** | Zrównoważony |
| **Eau** | Woda |
| **Environnemental** | Środowisko |
| **Écosystème** | Ekosystem |
| **Éducation** | Edukacja |
| **Habitat** | Siedlisko |
| **Naturel** | Naturalny |
| **Organique** | Organiczny |
| **Pesticide** | Pestycyd |
| **Recycler** | Recykling |
| **Réduire** | Zmniejszyć |
| **Santé** | Zdrowie |
| **Vert** | Zielony |

## Corps Humain
### Ciało Ludzkie

| | |
|---|---|
| **Bouche** | Usta |
| **Cerveau** | Mózg |
| **Cheville** | Kostka |
| **Cou** | Szyja |
| **Coude** | Łokieć |
| **Cœur** | Serce |
| **Doigt** | Palec |
| **Estomac** | Żołądek |
| **Épaule** | Ramię |
| **Genou** | Kolano |
| **Langue** | Język |
| **Main** | Ręka |
| **Mâchoire** | Szczęka |
| **Menton** | Podbródek |
| **Nez** | Nos |
| **Oreille** | Ucho |
| **Peau** | Skóra |
| **Sang** | Krew |
| **Tête** | Głowa |
| **Visage** | Twarz |

## Couleurs
### Zabarwienie

| | |
|---|---|
| **Azur** | Lazur |
| **Beige** | Beżowy |
| **Blanc** | Biały |
| **Bleu** | Niebieski |
| **Cyan** | Cyjan |
| **Fuchsia** | Fuksja |
| **Gris** | Szary |
| **Indigo** | Indygo |
| **Jaune** | Żółty |
| **Magenta** | Magenta |
| **Marron** | Brązowy |
| **Noir** | Czarny |
| **Orange** | Pomarańczowy |
| **Rose** | Różowy |
| **Rouge** | Czerwony |
| **Sépia** | Sepia |
| **Vert** | Zielony |
| **Violet** | Fioletowy |

## Cuisine
### Kuchnia

| | |
|---|---|
| **Baguettes** | Pałeczki |
| **Bol** | Miska |
| **Bouilloire** | Czajnik |
| **Congélateur** | Zamrażarka |
| **Couteaux** | Noże |
| **Cruche** | Dzbanek |
| **Cuillères** | Łyżki |
| **Épices** | Przyprawy |
| **Éponge** | Gąbka |
| **Four** | Piekarnik |
| **Fourchettes** | Widelce |
| **Gril** | Grill |
| **Louche** | Chochla |
| **Nourriture** | Żywność |
| **Pot** | Słoik |
| **Recette** | Przepis |
| **Réfrigérateur** | Lodówka |
| **Serviette** | Serwetka |
| **Tablier** | Fartuch |
| **Tasses** | Kubki |

## Danse
### Taniec

| | |
|---|---|
| **Académie** | Akademia |
| **Art** | Sztuka |
| **Chorégraphie** | Choreografia |
| **Classique** | Klasyczny |
| **Corps** | Ciało |
| **Culture** | Kultura |
| **Culturel** | Kulturalny |
| **Expressif** | Wyrazisty |
| **Émotion** | Emocja |
| **Grâce** | Łaska |
| **Joyeux** | Radosny |
| **Mouvement** | Ruch |
| **Musique** | Muzyka |
| **Partenaire** | Partner |
| **Posture** | Postawa |
| **Répétition** | Próba |
| **Rythme** | Rytm |
| **Saut** | Skok |
| **Traditionnel** | Tradycyjny |
| **Visuel** | Wizualny |

## Dinosaures
### Dinozaury

| | |
|---|---|
| **Ailes** | Skrzydła |
| **Carnivore** | Mięsożerca |
| **Disparition** | Zanik |
| **Espèce** | Gatunek |
| **Énorme** | Ogromny |
| **Évolution** | Ewolucja |
| **Grand** | Duży |
| **Herbivore** | Roślinożerne |
| **Mammouth** | Mamut |
| **Omnivore** | Wszystkożerny |
| **Puissant** | Potężny |
| **Queue** | Ogon |
| **Rapace** | Raptor |
| **Reptile** | Gad |
| **Taille** | Rozmiar |
| **Terre** | Ziemia |
| **Vicieux** | Złośliwy |

## Disciplines Scientifiques
### Dyscypliny Naukowe

| | |
|---|---|
| Anatomie | Anatomia |
| Archéologie | Archeologia |
| Astronomie | Astronomia |
| Biochimie | Biochemia |
| Biologie | Biologia |
| Botanique | Botanika |
| Chimie | Chemia |
| Écologie | Ekologia |
| Géologie | Geologia |
| Immunologie | Immunologia |
| Mécanique | Mechanika |
| Météorologie | Meteorologia |
| Minéralogie | Mineralogia |
| Neurologie | Neurologia |
| Physiologie | Fizjologia |
| Psychologie | Psychologia |
| Robotique | Robotyka |
| Sociologie | Socjologia |
| Thermodynamiq ue | Termodynamika |
| Zoologie | Zoologia |

## Eau
### Woda

| | |
|---|---|
| Canal | Kanał |
| Douche | Prysznic |
| Évaporation | Parowanie |
| Fleuve | Rzeka |
| Flux | Strumień |
| Gel | Mróz |
| Geyser | Gejzer |
| Glace | Lód |
| Humide | Wilgotny |
| Humidité | Wilgoć |
| Inondation | Powódź |
| Irrigation | Nawadnianie |
| Lac | Jezioro |
| Mousson | Monsun |
| Neige | Śnieg |
| Océan | Ocean |
| Ouragan | Huragan |
| Pluie | Deszcz |
| Vagues | Fale |
| Vapeur | Parowy |

## Escalade
### Wspinaczka

| | |
|---|---|
| Altitude | Wysokość |
| Atmosphère | Atmosfera |
| Bottes | Buty |
| Carte | Mapa |
| Casque | Kask |
| Curiosité | Ciekawość |
| Défis | Wyzwania |
| Expert | Ekspert |
| Étroit | Wąska |
| Force | Siła |
| Formation | Szkolenie |
| Gants | Rękawiczki |
| Grotte | Jaskinia |
| Guides | Przewodniki |
| Physique | Fizyczny |
| Randonnée | Wędrówki |
| Stabilité | Stabilność |
| Terrain | Teren |

## Exploration
### Poszukiwania

| | |
|---|---|
| Activité | Działalność |
| Animaux | Zwierząt |
| Courage | Odwaga |
| Cultures | Kultury |
| Dangers | Zagrożenia |
| Découverte | Odkrycie |
| Détermination | Determinacja |
| Espace | Przestrzeń |
| Excitation | Podniecenie |
| Épuisement | Wyczerpanie |
| Inconnu | Nieznany |
| Langue | Język |
| Nouveau | Nowy |
| Périlleux | Niebezpieczny |
| Sauvage | Dziki |
| Terrain | Teren |
| Voyage | Podróż |

## Échecs
### Szachy

| | |
|---|---|
| Adversaire | Przeciwnik |
| Blanc | Biały |
| Champion | Mistrz |
| Concours | Konkurs |
| Défis | Wyzwania |
| Diagonal | Przekątna |
| Intelligent | Sprytny |
| Jeu | Gra |
| Joueur | Gracz |
| Noir | Czarny |
| Passif | Bierny |
| Points | Punkty |
| Reine | Królowa |
| Règles | Zasady |
| Roi | Król |
| Sacrifice | Poświęcenie |
| Stratégie | Strategia |
| Temps | Czas |
| Tournoi | Turniej |

## École #1
### Szkoła nr 1

| | |
|---|---|
| Alphabet | Alfabet |
| Amis | Przyjaciele |
| Amusement | Zabawa |
| Bibliothèque | Biblioteka |
| Bureau | Biurko |
| Chaise | Krzesło |
| Crayon | Ołówek |
| Des Stylos | Długopisy |
| Déjeuner | Obiad |
| Dossiers | Foldery |
| Enseignant | Nauczyciel |
| Examens | Egzaminy |
| Livres | Książki |
| Marqueurs | Markery |
| Math | Matematyka |
| Nombres | Liczby |
| Papier | Papier |
| Quiz | Quiz |
| Réponses | Odpowiedzi |
| Salle de Classe | Klasa |

## École #2
### Szkoła nr 2

| | |
|---|---|
| **Activités** | Zajęcia |
| **Apprentissage** | Uczenie Się |
| **Bibliothèque** | Biblioteka |
| **Bus** | Autobus |
| **Calendrier** | Kalendarz |
| **Ciseaux** | Nożyczki |
| **Crayon** | Ołówek |
| **Devoirs** | Praca Domowa |
| **Dictionnaire** | Słownik |
| **Enseignant** | Nauczyciel |
| **Écriture** | Pismo |
| **Éducation** | Edukacja |
| **Grammaire** | Gramatyka |
| **Jeux** | Gry |
| **Lecture** | Czytanie |
| **Littérature** | Literatura |
| **Livres** | Książki |
| **Ordinateur** | Komputer |
| **Papier** | Papier |
| **Science** | Nauka |

## Écologie
### Ekologia

| | |
|---|---|
| **Bénévoles** | Wolontariusze |
| **Climat** | Klimat |
| **Communautés** | Społeczności |
| **Diversité** | Różnorodność |
| **Durable** | Zrównoważony |
| **Espèce** | Gatunek |
| **Faune** | Fauna |
| **Flore** | Flora |
| **Habitat** | Siedlisko |
| **Marais** | Bagno |
| **Marin** | Morski |
| **Montagnes** | Góry |
| **Nature** | Natura |
| **Naturel** | Naturalny |
| **Plantes** | Rośliny |
| **Ressources** | Zasoby |
| **Sécheresse** | Susza |
| **Survie** | Przetrwanie |
| **Variété** | Odmiana |
| **Végétation** | Roślinność |

## Émotions
### Emocji

| | |
|---|---|
| **Amour** | Miłość |
| **Colère** | Gniew |
| **Contenu** | Zawartość |
| **Embarrassé** | Zakłopotany |
| **Ennui** | Nuda |
| **Gentillesse** | Życzliwość |
| **Joie** | Radość |
| **Paix** | Pokój |
| **Peur** | Strach |
| **Reconnaissant** | Wdzięczny |
| **Relief** | Ulga |
| **Satisfait** | Zadowolona |
| **Surprise** | Niespodzianka |
| **Sympathie** | Współczucie |
| **Tendresse** | Czułość |
| **Tranquillité** | Spokój |
| **Tristesse** | Smutek |

## Épices
### Przyprawy

| | |
|---|---|
| **Aigre** | Kwaśny |
| **Ail** | Czosnek |
| **Amer** | Gorzki |
| **Anis** | Anyż |
| **Cannelle** | Cynamon |
| **Cardamome** | Kardamon |
| **Coriandre** | Kolendra |
| **Cumin** | Kminek |
| **Curry** | Curry |
| **Fenouil** | Koper Włoski |
| **Fenugrec** | Kozieradka |
| **Gingembre** | Imbir |
| **Oignon** | Cebula |
| **Paprika** | Papryka |
| **Poivre** | Pieprz |
| **Réglisse** | Lukrecja |
| **Safran** | Szafran |
| **Saveur** | Smak |
| **Sel** | Sól |
| **Vanille** | Wanilia |

## Été
### Latem

| | |
|---|---|
| **Amis** | Przyjaciele |
| **Camping** | Kemping |
| **Étoiles** | Gwiazdy |
| **Famille** | Rodzina |
| **Jardin** | Ogród |
| **Jeux** | Gry |
| **Joie** | Radość |
| **Livres** | Książki |
| **Loisir** | Wypoczynek |
| **Mer** | Morze |
| **Musique** | Muzyka |
| **Nager** | Pływać |
| **Nourriture** | Żywność |
| **Plage** | Plaża |
| **Plongée** | Nurkowanie |
| **Relaxation** | Relaks |
| **Sandales** | Sandały |
| **Vacances** | Wakacje |
| **Voyage** | Podróż |

## Famille
### Rodzina

| | |
|---|---|
| **Ancêtre** | Przodek |
| **Cousin** | Kuzyn |
| **Enfance** | Dzieciństwo |
| **Enfant** | Dziecko |
| **Enfants** | Dzieci |
| **Femme** | Żona |
| **Fille** | Córka |
| **Frère** | Brat |
| **Grand-Mère** | Babcia |
| **Grand-Père** | Dziadek |
| **Mari** | Mąż |
| **Maternel** | Macierzyński |
| **Mère** | Matka |
| **Neveu** | Bratanek |
| **Nièce** | Siostrzenica |
| **Oncle** | Wujek |
| **Paternel** | Ojcowski |
| **Père** | Ojciec |
| **Soeur** | Siostra |
| **Tante** | Ciotka |

## Ferme #1
### Gospodarstwo #1

| | |
|---|---|
| **Abeille** | Pszczoła |
| **Agriculture** | Rolnictwo |
| **Âne** | Osioł |
| **Bison** | Bizon |
| **Champ** | Pole |
| **Chat** | Kot |
| **Cheval** | Koń |
| **Chèvre** | Koza |
| **Chien** | Pies |
| **Clôture** | Ogrodzenie |
| **Cochon** | Świnia |
| **Corbeau** | Wrona |
| **Eau** | Woda |
| **Engrais** | Nawóz |
| **Foin** | Siano |
| **Miel** | Miód |
| **Poulet** | Kurczak |
| **Riz** | Ryż |
| **Vache** | Krowa |
| **Veau** | Cielę |

## Ferme #2
### Gospodarstwo #2

| | |
|---|---|
| **Agneau** | Jagnię |
| **Agriculteur** | Rolnik |
| **Animaux** | Zwierząt |
| **Berger** | Pasterz |
| **Blé** | Pszenica |
| **Canard** | Kaczka |
| **Fruit** | Owoc |
| **Grange** | Stodoła |
| **Irrigation** | Nawadnianie |
| **Lait** | Mleko |
| **Lama** | Lama |
| **Légume** | Warzywo |
| **Maïs** | Kukurydza |
| **Mouton** | Owce |
| **Nourriture** | Żywność |
| **Orge** | Jęczmień |
| **Pré** | Łąka |
| **Ruche** | Ul |
| **Tracteur** | Ciągnik |
| **Verger** | Sad |

## Fleurs
### Kwiaty

| | |
|---|---|
| **Bouquet** | Bukiet |
| **Gardénia** | Gardenia |
| **Hibiscus** | Hibiskus |
| **Jasmin** | Jaśmin |
| **Jonquille** | Żonkil |
| **Lavande** | Lawenda |
| **Lilas** | Liliowy |
| **Lys** | Lilia |
| **Magnolia** | Magnolia |
| **Marguerite** | Stokrotka |
| **Orchidée** | Orchidea |
| **Passiflore** | Passionflower |
| **Pavot** | Mak |
| **Pétale** | Płatek |
| **Pivoine** | Piwonia |
| **Plumeria** | Plumeria |
| **Rose** | Róża |
| **Tournesol** | Słonecznik |
| **Trèfle** | Koniczyna |
| **Tulipe** | Tulipan |

## Forêt Tropicale
### Las Deszczowy

| | |
|---|---|
| **Amphibiens** | Płazy |
| **Botanique** | Botaniczny |
| **Climat** | Klimat |
| **Communauté** | Społeczność |
| **Diversité** | Różnorodność |
| **Espèce** | Gatunek |
| **Insectes** | Owady |
| **Jungle** | Dżungla |
| **Mammifères** | Ssaki |
| **Mousse** | Mech |
| **Nature** | Natura |
| **Nuage** | Chmury |
| **Oiseaux** | Ptaki |
| **Précieux** | Cenny |
| **Préservation** | Konserwacja |
| **Refuge** | Schronienie |
| **Respect** | Szacunek |
| **Survie** | Przetrwanie |

## Formes
### Kształty

| | |
|---|---|
| **Arc** | Łuk |
| **Bords** | Krawędzie |
| **Carré** | Kwadrat |
| **Cercle** | Koło |
| **Coin** | Narożnik |
| **Courbe** | Krzywa |
| **Cône** | Stożek |
| **Côté** | Bok |
| **Cube** | Sześcian |
| **Cylindre** | Cylinder |
| **Ellipse** | Elipsa |
| **Hyperbole** | Hiperbola |
| **Ligne** | Linia |
| **Ovale** | Owal |
| **Polygone** | Wielokąt |
| **Prisme** | Pryzmat |
| **Pyramide** | Piramida |
| **Rectangle** | Prostokąt |
| **Sphère** | Kula |
| **Triangle** | Trójkąt |

## Fournitures d'Art
### Materiały Artystyczne

| | |
|---|---|
| **Acrylique** | Akryl |
| **Aquarelles** | Akwarele |
| **Argile** | Glina |
| **Brosses** | Pędzle |
| **Caméra** | Kamera |
| **Chaise** | Krzesło |
| **Chevalet** | Sztaluga |
| **Colle** | Klej |
| **Couleurs** | Kolory |
| **Crayons** | Ołówki |
| **Créativité** | Kreatywność |
| **Eau** | Woda |
| **Encre** | Atrament |
| **Gomme** | Gumka |
| **Huile** | Olej |
| **Idées** | Pomysły |
| **Papier** | Papier |
| **Pastels** | Pastele |
| **Peinture** | Farby |
| **Table** | Stół |

## *Fruit*
### Owoce

| | |
|---|---|
| **Abricot** | Morela |
| **Ananas** | Ananas |
| **Avocat** | Awokado |
| **Baie** | Jagoda |
| **Banane** | Banan |
| **Cerise** | Wiśnia |
| **Citron** | Cytryna |
| **Figue** | Figa |
| **Framboise** | Malina |
| **Goyave** | Guawa |
| **Kiwi** | Kiwi |
| **Mangue** | Mango |
| **Melon** | Melon |
| **Nectarine** | Nektaryna |
| **Orange** | Pomarańczowy |
| **Papaye** | Papaja |
| **Pêche** | Brzoskwinia |
| **Poire** | Gruszka |
| **Pomme** | Jabłko |
| **Raisin** | Winogrono |

## *Géographie*
### Geografia

| | |
|---|---|
| **Altitude** | Wysokość |
| **Atlas** | Atlas |
| **Carte** | Mapa |
| **Continent** | Kontynent |
| **Équateur** | Równik |
| **Fleuve** | Rzeka |
| **Hémisphère** | Półkula |
| **Île** | Wyspa |
| **Mer** | Morze |
| **Méridien** | Południk |
| **Monde** | Świat |
| **Montagne** | Góra |
| **Nord** | Północ |
| **Océan** | Ocean |
| **Ouest** | Zachód |
| **Pays** | Kraj |
| **Région** | Region |
| **Sud** | Południe |
| **Territoire** | Terytorium |
| **Ville** | Miasto |

## *Géologie*
### Geologia

| | |
|---|---|
| **Acide** | Kwas |
| **Calcium** | Wapń |
| **Caverne** | Grota |
| **Continent** | Kontynent |
| **Corail** | Koral |
| **Couche** | Warstwa |
| **Cristaux** | Kryształy |
| **Érosion** | Erozja |
| **Fondu** | Ciekły |
| **Fossile** | Skamieniałość |
| **Geyser** | Gejzer |
| **Lave** | Lawa |
| **Minéraux** | Minerały |
| **Pierre** | Kamień |
| **Plateau** | Płaskowyż |
| **Quartz** | Kwarc |
| **Sel** | Sól |
| **Stalactite** | Stalaktyt |
| **Volcan** | Wulkan |
| **Zone** | Strefa |

## *Herboristerie*
### Zielarstwo

| | |
|---|---|
| **Ail** | Czosnek |
| **Aromatique** | Aromatyczny |
| **Basilic** | Bazylia |
| **Bénéfique** | Korzystny |
| **Culinaire** | Kulinarny |
| **Estragon** | Estragon |
| **Fenouil** | Koper Włoski |
| **Fleur** | Kwiat |
| **Ingrédient** | Składnik |
| **Jardin** | Ogród |
| **Lavande** | Lawenda |
| **Marjolaine** | Majeranek |
| **Menthe** | Mięta |
| **Persil** | Pietruszka |
| **Qualité** | Jakość |
| **Romarin** | Rozmaryn |
| **Safran** | Szafran |
| **Saveur** | Smak |
| **Thym** | Tymianek |
| **Vert** | Zielony |

## *Insectes*
### Owady

| | |
|---|---|
| **Abeille** | Pszczoła |
| **Cafard** | Karaluch |
| **Cigale** | Cykada |
| **Coccinelle** | Biedronka |
| **Criquet** | Szarańcza |
| **Fourmi** | Mrówka |
| **Frelon** | Szerszeń |
| **Guêpe** | Osa |
| **Larve** | Larwa |
| **Libellule** | Ważka |
| **Mante** | Modliszka |
| **Moustique** | Komar |
| **Papillon** | Motyl |
| **Puce** | Pchła |
| **Puceron** | Mszyca |
| **Sauterelle** | Konik Polny |
| **Scarabée** | Chrząszcz |
| **Termite** | Termit |
| **Ver** | Robak |

## *Instruments de Musique*
### Instrumenty Muzyczne

| | |
|---|---|
| **Banjo** | Banjo |
| **Basson** | Fagot |
| **Clarinette** | Klarnet |
| **Flûte** | Flet |
| **Gong** | Gong |
| **Guitare** | Gitara |
| **Harmonica** | Harmonijka |
| **Harpe** | Harfa |
| **Hautbois** | Obój |
| **Mandoline** | Mandolina |
| **Marimba** | Marimba |
| **Percussion** | Perkusja |
| **Piano** | Pianino |
| **Saxophone** | Saksofon |
| **Tambour** | Bęben |
| **Tambourin** | Tamburyn |
| **Trombone** | Puzon |
| **Trompette** | Trąbka |
| **Violon** | Skrzypce |
| **Violoncelle** | Wiolonczela |

## Jardin
### Ogród

| | |
|---|---|
| **Arbre** | Drzewo |
| **Banc** | Ławka |
| **Buisson** | Krzak |
| **Clôture** | Ogrodzenie |
| **Étang** | Staw |
| **Fleur** | Kwiat |
| **Garage** | Garaż |
| **Hamac** | Hamak |
| **Herbe** | Trawa |
| **Jardin** | Ogród |
| **Mauvaises Herbes** | Chwasty |
| **Pelle** | Łopata |
| **Pelouse** | Trawnik |
| **Râteau** | Grabie |
| **Sol** | Gleba |
| **Terrasse** | Taras |
| **Trampoline** | Trampolina |
| **Tuyau** | Wąż |
| **Verger** | Sad |
| **Vigne** | Winorośl |

## Jouets
### Zabawki

| | |
|---|---|
| **Argile** | Glina |
| **Artisanat** | Rzemiosła |
| **Avion** | Samolot |
| **Balle** | Piłka |
| **Bateau** | Łódź |
| **Camion** | Ciężarówka |
| **Cerf-Volant** | Latawiec |
| **Crayons** | Kredki |
| **Échecs** | Szachy |
| **Favori** | Ulubiony |
| **Imagination** | Wyobraźnia |
| **Jeux** | Gry |
| **Livres** | Książki |
| **Poupée** | Lalka |
| **Puzzle** | Puzzle |
| **Robot** | Robot |
| **Tambours** | Bębny |
| **Train** | Pociąg |
| **Vélo** | Rower |
| **Voiture** | Samochód |

## Jours et Mois
### Dni i Miesiące

| | |
|---|---|
| **Août** | Sierpień |
| **Avril** | Kwiecień |
| **Calendrier** | Kalendarz |
| **Dimanche** | Niedziela |
| **Février** | Luty |
| **Janvier** | Styczeń |
| **Jeudi** | Czwartek |
| **Juillet** | Lipiec |
| **Juin** | Czerwiec |
| **Lundi** | Poniedziałek |
| **Mardi** | Wtorek |
| **Mars** | Marsz |
| **Mercredi** | Środa |
| **Mois** | Miesiąc |
| **Novembre** | Listopad |
| **Octobre** | Październik |
| **Samedi** | Sobota |
| **Semaine** | Tydzień |
| **Septembre** | Wrzesień |
| **Vendredi** | Piątek |

## Les Abeilles
### Pszczoły

| | |
|---|---|
| **Ailes** | Skrzydła |
| **Bénéfique** | Korzystny |
| **Cire** | Wosk |
| **Diversité** | Różnorodność |
| **Essaim** | Rój |
| **Écosystème** | Ekosystem |
| **Fleur** | Kwitnąć |
| **Fleurs** | Kwiaty |
| **Fruit** | Owoc |
| **Fumée** | Dym |
| **Habitat** | Siedlisko |
| **Insecte** | Owad |
| **Jardin** | Ogród |
| **Miel** | Miód |
| **Nourriture** | Żywność |
| **Plantes** | Rośliny |
| **Pollen** | Pyłek |
| **Reine** | Królowa |
| **Ruche** | Ul |
| **Soleil** | Słońce |

## Légumes
### Warzywa

| | |
|---|---|
| **Ail** | Czosnek |
| **Artichaut** | Karczoch |
| **Aubergine** | Bakłażan |
| **Brocoli** | Brokuły |
| **Carotte** | Marchewka |
| **Céleri** | Seler |
| **Champignon** | Grzyb |
| **Citrouille** | Dynia |
| **Concombre** | Ogórek |
| **Échalote** | Szalotka |
| **Épinard** | Szpinak |
| **Gingembre** | Imbir |
| **Navet** | Rzepa |
| **Oignon** | Cebula |
| **Olive** | Oliwa |
| **Persil** | Pietruszka |
| **Pois** | Groch |
| **Radis** | Rzodkiewka |
| **Salade** | Sałatka |
| **Tomate** | Pomidor |

## Littérature
### Literatura

| | |
|---|---|
| **Analogie** | Analogia |
| **Analyse** | Analiza |
| **Anecdote** | Anegdota |
| **Auteur** | Autor |
| **Biographie** | Biografia |
| **Comparaison** | Porównanie |
| **Conclusion** | Wniosek |
| **Description** | Opis |
| **Dialogue** | Dialog |
| **Fiction** | Fikcja |
| **Métaphore** | Metafora |
| **Narrateur** | Narrator |
| **Poème** | Wiersz |
| **Poétique** | Poetycki |
| **Rime** | Rym |
| **Roman** | Powieść |
| **Rythme** | Rytm |
| **Style** | Styl |
| **Thème** | Temat |
| **Tragédie** | Tragedia |

## Livres
### Książki

| | |
|---|---|
| **Auteur** | Autor |
| **Aventure** | Przygoda |
| **Collection** | Kolekcja |
| **Contexte** | Kontekst |
| **Dualité** | Dualizm |
| **Épique** | Epicki |
| **Histoire** | Historia |
| **Historique** | Historyczny |
| **Humoristique** | Humorystyczny |
| **Inventif** | Wynalazczy |
| **Lecteur** | Czytelnik |
| **Littéraire** | Literacki |
| **Narrateur** | Narrator |
| **Page** | Strona |
| **Pertinent** | Istotne |
| **Poème** | Wiersz |
| **Poésie** | Poezja |
| **Roman** | Powieść |
| **Série** | Seria |
| **Tragique** | Tragiczny |

## Maison
### Dom

| | |
|---|---|
| **Balai** | Miotła |
| **Bibliothèque** | Biblioteka |
| **Chambre** | Pokój |
| **Cheminée** | Kominek |
| **Clés** | Klucze |
| **Clôture** | Ogrodzenie |
| **Cuisine** | Kuchnia |
| **Douche** | Prysznic |
| **Fenêtre** | Okno |
| **Garage** | Garaż |
| **Grenier** | Strych |
| **Jardin** | Ogród |
| **Lampe** | Lampa |
| **Miroir** | Lustro |
| **Mur** | Ściana |
| **Plafond** | Sufit |
| **Porte** | Drzwi |
| **Rideaux** | Zasłony |
| **Tapis** | Dywan |
| **Toit** | Dach |

## Mammifères
### Ssaki

| | |
|---|---|
| **Baleine** | Wieloryb |
| **Chat** | Kot |
| **Cheval** | Koń |
| **Chien** | Pies |
| **Coyote** | Kojot |
| **Dauphin** | Delfin |
| **Éléphant** | Słoń |
| **Girafe** | Żyrafa |
| **Gorille** | Goryl |
| **Kangourou** | Kangur |
| **Lapin** | Królik |
| **Lion** | Lew |
| **Loup** | Wilk |
| **Mouton** | Owce |
| **Ours** | Niedźwiedź |
| **Renard** | Lis |
| **Singe** | Małpa |
| **Taureau** | Byk |
| **Tigre** | Tygrys |
| **Zèbre** | Zebra |

## Mathématiques
### Matematyka

| | |
|---|---|
| **Angles** | Kąty |
| **Arithmétique** | Arytmetyka |
| **Carré** | Kwadrat |
| **Circonférence** | Obwód |
| **Décimal** | Dziesiętny |
| **Diamètre** | Średnica |
| **Exposant** | Wykładnik |
| **Équation** | Równanie |
| **Fraction** | Frakcja |
| **Géométrie** | Geometria |
| **Parallèle** | Równoległy |
| **Parallélogramme** | Równoległobok |
| **Perpendiculaire** | Prostopadły |
| **Polygone** | Wielokąt |
| **Rayon** | Promień |
| **Rectangle** | Prostokąt |
| **Somme** | Suma |
| **Symétrie** | Symetria |
| **Triangle** | Trójkąt |
| **Volume** | Objętość |

## Mesures
### Pomiary

| | |
|---|---|
| **Centimètre** | Centymetr |
| **Degré** | Stopień |
| **Décimal** | Dziesiętny |
| **Gramme** | Gram |
| **Hauteur** | Wysokość |
| **Kilogramme** | Kilogram |
| **Kilomètre** | Kilometr |
| **Largeur** | Szerokość |
| **Litre** | Litr |
| **Longueur** | Długość |
| **Masse** | Masa |
| **Mètre** | Metr |
| **Minute** | Minuta |
| **Octet** | Bajt |
| **Once** | Uncja |
| **Poids** | Waga |
| **Pouce** | Cal |
| **Profondeur** | Głębokość |
| **Tonne** | Tona |
| **Volume** | Objętość |

## Meubles
### Meble

| | |
|---|---|
| **Banc** | Ławka |
| **Bibliothèque** | Regał |
| **Bureau** | Biurko |
| **Canapé** | Kanapa |
| **Chaise** | Krzesło |
| **Commode** | Komoda |
| **Coussins** | Poduszki |
| **Étagères** | Półki |
| **Fauteuil** | Fotel |
| **Futon** | Futon |
| **Hamac** | Hamak |
| **Lampe** | Lampa |
| **Lit** | Łóżko |
| **Matelas** | Materac |
| **Miroir** | Lustro |
| **Oreiller** | Poduszka |
| **Rideaux** | Zasłony |
| **Tapis** | Dywan |

## Méditation
### Medytacja

| | |
|---|---|
| Acceptation | Przyjęcie |
| Attention | Uwaga |
| Calme | Spokój |
| Clarté | Przejrzystość |
| Compassion | Współczucie |
| Émotions | Emocje |
| Éveillé | Obudzić |
| Gentillesse | Życzliwość |
| Gratitude | Wdzięczność |
| Habitudes | Nawyki |
| Mental | Psychiczny |
| Mouvement | Ruch |
| Musique | Muzyka |
| Nature | Natura |
| Observation | Obserwacja |
| Paix | Pokój |
| Perspective | Perspektywa |
| Posture | Postawa |
| Respiration | Oddechowy |
| Silence | Cisza |

## Météo
### Pogoda

| | |
|---|---|
| Arc-En-Ciel | Tęcza |
| Atmosphère | Atmosfera |
| Brise | Bryza |
| Brouillard | Mgła |
| Calme | Spokój |
| Ciel | Niebo |
| Climat | Klimat |
| Glace | Lód |
| Mousson | Monsun |
| Nuage | Chmura |
| Ouragan | Huragan |
| Polaire | Polarny |
| Sec | Suchy |
| Sécheresse | Susza |
| Température | Temperatura |
| Tempête | Burza |
| Tonnerre | Grzmot |
| Tornade | Tornado |
| Tropical | Tropikalny |
| Vent | Wiatr |

## Mythologie
### Mitologia

| | |
|---|---|
| Archétype | Archetyp |
| Catastrophe | Katastrofa |
| Comportement | Zachowanie |
| Création | Kreacja |
| Créature | Stworzenie |
| Croyances | Wierzenia |
| Culture | Kultura |
| Éclair | Piorun |
| Force | Siła |
| Guerrier | Wojownik |
| Héroïne | Bohaterka |
| Héros | Bohater |
| Jalousie | Zazdrość |
| Labyrinthe | Labirynt |
| Légende | Legenda |
| Magique | Magiczny |
| Monstre | Potwór |
| Mortel | Śmiertelny |
| Tonnerre | Grzmot |
| Vengeance | Zemsta |

## Nature
### Przyroda

| | |
|---|---|
| Abeilles | Pszczoły |
| Abri | Schronienie |
| Animaux | Zwierząt |
| Arctique | Arktyczny |
| Beauté | Piękno |
| Brouillard | Mgła |
| Désert | Pustynia |
| Dynamique | Dynamiczny |
| Érosion | Erozja |
| Feuillage | Liści |
| Fleuve | Rzeka |
| Forêt | Las |
| Glacier | Lodowiec |
| Nuage | Chmury |
| Paisible | Spokojna |
| Sanctuaire | Sanktuarium |
| Sauvage | Dziki |
| Serein | Spokojny |
| Tropical | Tropikalny |
| Vital | Istotne |

## Nombres
### Liczby

| | |
|---|---|
| Cinq | Pięć |
| Deux | Dwa |
| Décimal | Dziesiętny |
| Dix | Dziesięć |
| Dix-Huit | Osiemnaście |
| Dix-Sept | Siedemnaście |
| Douze | Dwanaście |
| Huit | Osiem |
| Neuf | Dziewięć |
| Quatorze | Czternaście |
| Quatre | Cztery |
| Quinze | Piętnaście |
| Seize | Szesnaście |
| Sept | Siedem |
| Six | Sześć |
| Treize | Trzynaście |
| Trois | Trzy |
| Un | Jeden |
| Vingt | Dwadzieścia |
| Zéro | Zero |

## Nourriture #1
### Jedzenie # 1

| | |
|---|---|
| Ail | Czosnek |
| Basilic | Bazylia |
| Café | Kawa |
| Cannelle | Cynamon |
| Carotte | Marchewka |
| Citron | Cytryna |
| Épinard | Szpinak |
| Fraise | Truskawka |
| Jus | Sok |
| Lait | Mleko |
| Navet | Rzepa |
| Oignon | Cebula |
| Orge | Jęczmień |
| Poire | Gruszka |
| Salade | Sałatka |
| Sel | Sól |
| Soupe | Zupa |
| Sucre | Cukier |
| Thon | Tuńczyk |
| Viande | Mięso |

## Nourriture #2
### Jedzenie # 2

| | |
|---|---|
| Amande | Migdał |
| Aubergine | Bakłażan |
| Banane | Banan |
| Blé | Pszenica |
| Brocoli | Brokuły |
| Cerise | Wiśnia |
| Céleri | Seler |
| Champignon | Grzyb |
| Chocolat | Czekolada |
| Jambon | Szynka |
| Kiwi | Kiwi |
| Mangue | Mango |
| Oeuf | Jajko |
| Pain | Chleb |
| Poisson | Ryba |
| Pomme | Jabłko |
| Poulet | Kurczak |
| Raisin | Winogrono |
| Riz | Ryż |
| Tomate | Pomidor |

## Nutrition
### Odżywianie

| | |
|---|---|
| Amer | Gorzki |
| Appétit | Apetyt |
| Calories | Kalorie |
| Comestible | Jadalny |
| Diète | Dieta |
| Digestion | Trawienie |
| Épices | Przyprawy |
| Équilibré | Zrównoważony |
| Fermentation | Fermentacja |
| Glucides | Węglowodany |
| Liquides | Płyny |
| Poids | Waga |
| Protéines | Białka |
| Qualité | Jakość |
| Sain | Zdrowy |
| Santé | Zdrowie |
| Sauce | Sos |
| Saveur | Smak |
| Toxine | Toksyna |
| Vitamine | Witamina |

## Océan
### Ocean

| | |
|---|---|
| Algue | Wodorost |
| Anguille | Węgorz |
| Baleine | Wieloryb |
| Bateau | Łódź |
| Corail | Koral |
| Crabe | Krab |
| Crevette | Krewetka |
| Dauphin | Delfin |
| Éponge | Gąbka |
| Huître | Ostryga |
| Méduse | Meduza |
| Poisson | Ryba |
| Poulpe | Ośmiornica |
| Requin | Rekin |
| Récif | Rafa |
| Sel | Sól |
| Tempête | Burza |
| Thon | Tuńczyk |
| Tortue | Żółw |
| Vagues | Fale |

## Oiseaux
### Ptaki

| | |
|---|---|
| Aigle | Orzeł |
| Autruche | Struś |
| Canard | Kaczka |
| Cigogne | Bocian |
| Colombe | Gołąb |
| Corbeau | Wrona |
| Coucou | Kukułka |
| Cygne | Łabędź |
| Flamant | Flaming |
| Héron | Czapla |
| Manchot | Pingwin |
| Moineau | Wróbel |
| Mouette | Mewa |
| Oeuf | Jajko |
| Oie | Gęś |
| Paon | Paw |
| Perroquet | Papuga |
| Pélican | Pelikan |
| Poulet | Kurczak |
| Toucan | Tukan |

## Pays #2
### Kraje # 2

| | |
|---|---|
| Albanie | Albania |
| Chine | Chiny |
| Danemark | Dania |
| France | Francja |
| Haïti | Haiti |
| Indonésie | Indonezja |
| Irlande | Irlandia |
| Jamaïque | Jamajka |
| Japon | Japonia |
| Kenya | Kenia |
| Laos | Laos |
| Liban | Liban |
| Mexique | Meksyk |
| Ouganda | Uganda |
| Pakistan | Pakistan |
| Russie | Rosja |
| Somalie | Somalia |
| Soudan | Sudan |
| Syrie | Syria |
| Ukraine | Ukraina |

## Paysages
### Krajobrazy

| | |
|---|---|
| Cascade | Wodospad |
| Colline | Wzgórze |
| Désert | Pustynia |
| Fleuve | Rzeka |
| Geyser | Gejzer |
| Glacier | Lodowiec |
| Grotte | Jaskinia |
| Iceberg | Góra Lodowa |
| Île | Wyspa |
| Lac | Jezioro |
| Marais | Bagno |
| Mer | Morze |
| Montagne | Góra |
| Oasis | Oaza |
| Océan | Ocean |
| Péninsule | Półwysep |
| Plage | Plaża |
| Toundra | Tundra |
| Vallée | Dolina |
| Volcan | Wulkan |

## Pêche
### Wędkarstwo

| | |
|---|---|
| **Appât** | Przynęta |
| **Bateau** | Łódź |
| **Branchies** | Skrzela |
| **Crochet** | Hak |
| **Cuire** | Gotować |
| **Eau** | Woda |
| **Exagération** | Przesada |
| **Équipement** | Sprzęt |
| **Fil** | Drut |
| **Fleuve** | Rzeka |
| **Lac** | Jezioro |
| **Mâchoire** | Szczęka |
| **Océan** | Ocean |
| **Panier** | Kosz |
| **Patience** | Cierpliwość |
| **Plage** | Plaża |
| **Poids** | Waga |

## Pirates
### Piraci

| | |
|---|---|
| **Ancre** | Kotwica |
| **Aventure** | Przygoda |
| **Boussole** | Kompas |
| **Capitaine** | Kapitan |
| **Carte** | Mapa |
| **Cicatrice** | Blizna |
| **Drapeau** | Flaga |
| **Épée** | Miecz |
| **Équipage** | Załoga |
| **Grotte** | Jaskinia |
| **Île** | Wyspa |
| **Légende** | Legenda |
| **Mauvais** | Zły |
| **Océan** | Ocean |
| **Or** | Złoto |
| **Perroquet** | Papuga |
| **Pièces** | Monety |
| **Plage** | Plaża |
| **Rhum** | Rum |
| **Trésor** | Skarb |

## Plage
### Plaża

| | |
|---|---|
| **Bateau** | Łódź |
| **Bleu** | Niebieski |
| **Côte** | Wybrzeże |
| **Crabe** | Krab |
| **Dock** | Dok |
| **Île** | Wyspa |
| **Lagune** | Laguna |
| **Mer** | Morze |
| **Nager** | Pływać |
| **Océan** | Ocean |
| **Parapluie** | Parasol |
| **Récif** | Rafa |
| **Sable** | Piasek |
| **Sandales** | Sandały |
| **Serviette** | Ręcznik |
| **Soleil** | Słońce |
| **Vacances** | Wakacje |
| **Voilier** | Żaglówka |

## Plantes
### Rośliny

| | |
|---|---|
| **Arbre** | Drzewo |
| **Baie** | Jagoda |
| **Bambou** | Bambus |
| **Botanique** | Botanika |
| **Buisson** | Krzak |
| **Cactus** | Kaktus |
| **Engrais** | Nawóz |
| **Feuillage** | Liści |
| **Fleur** | Kwiat |
| **Flore** | Flora |
| **Forêt** | Las |
| **Grandir** | Rosnąć |
| **Haricot** | Fasola |
| **Herbe** | Trawa |
| **Jardin** | Ogród |
| **Lierre** | Bluszcz |
| **Mousse** | Mech |
| **Pétale** | Płatek |
| **Racine** | Źródło |
| **Végétation** | Roślinność |

## Professions #1
### Zawody # 1

| | |
|---|---|
| **Ambassadeur** | Ambasador |
| **Artiste** | Artysta |
| **Astronome** | Astronom |
| **Avocat** | Prawnik |
| **Banquier** | Bankier |
| **Bijoutier** | Jubiler |
| **Cartographe** | Kartograf |
| **Chasseur** | Myśliwy |
| **Danseur** | Tancerz |
| **Entraîneur** | Trener |
| **Éditeur** | Redaktor |
| **Géologue** | Geolog |
| **Infirmière** | Pielęgniarka |
| **Médecin** | Lekarz |
| **Musicien** | Muzyk |
| **Pianiste** | Pianista |
| **Plombier** | Hydraulik |
| **Pompier** | Strażak |
| **Psychologue** | Psycholog |
| **Scientifique** | Naukowiec |

## Professions #2
### Zawody # 2

| | |
|---|---|
| **Astronaute** | Astronauta |
| **Bibliothécaire** | Bibliotekarz |
| **Biologiste** | Biolog |
| **Chercheur** | Badacz |
| **Chirurgien** | Chirurg |
| **Dentiste** | Dentysta |
| **Détective** | Detektyw |
| **Enseignant** | Nauczyciel |
| **Illustrateur** | Ilustrator |
| **Ingénieur** | Inżynier |
| **Inventeur** | Wynalazca |
| **Jardinier** | Ogrodnik |
| **Journaliste** | Dziennikarz |
| **Linguiste** | Językoznawca |
| **Médecin** | Lekarz |
| **Peintre** | Malarz |
| **Philosophe** | Filozof |
| **Photographe** | Fotograf |
| **Pilote** | Pilot |
| **Zoologiste** | Zoolog |

## Randonnée
### Turystyka Piesza

| | |
|---|---|
| **Animaux** | Zwierząt |
| **Bottes** | Buty |
| **Camping** | Kemping |
| **Carte** | Mapa |
| **Climat** | Klimat |
| **Eau** | Woda |
| **Falaise** | Klif |
| **Fatigué** | Zmęczony |
| **Guides** | Przewodniki |
| **Lourd** | Ciężki |
| **Météo** | Pogoda |
| **Montagne** | Góra |
| **Nature** | Natura |
| **Orientation** | Orientacja |
| **Parcs** | Parki |
| **Pierres** | Kamienie |
| **Préparation** | Przygotowanie |
| **Sauvage** | Dziki |
| **Soleil** | Słońce |
| **Sommet** | Szczyt |

## Remplir
### Do Wypełnienia

| | |
|---|---|
| **Baril** | Beczka |
| **Bassin** | Basen |
| **Boîte** | Pudełko |
| **Bouteille** | Butelka |
| **Caisse** | Skrzynia |
| **Carton** | Karton |
| **Dossier** | Folder |
| **Enveloppe** | Koperta |
| **Navire** | Naczynie |
| **Panier** | Kosz |
| **Paquet** | Pakiet |
| **Plateau** | Taca |
| **Poche** | Kieszeń |
| **Pot** | Słoik |
| **Sac** | Torba |
| **Seau** | Wiadro |
| **Tiroir** | Szuflada |
| **Tube** | Rura |
| **Valise** | Walizka |
| **Vase** | Wazon |

## Restaurant #1
### Restauracja # 1

| | |
|---|---|
| **Allergie** | Alergia |
| **Assiette** | Talerz |
| **Bol** | Miska |
| **Café** | Kawa |
| **Caissier** | Kasjer |
| **Couteau** | Nóż |
| **Cuisine** | Kuchnia |
| **Dessert** | Deser |
| **Épicé** | Pikantny |
| **Ingrédients** | Składniki |
| **Menu** | Menu |
| **Nourriture** | Żywność |
| **Pain** | Chleb |
| **Poulet** | Kurczak |
| **Réservation** | Rezerwacja |
| **Sauce** | Sos |
| **Serveuse** | Kelnerka |
| **Serviette** | Serwetka |
| **Viande** | Mięso |

## Restaurant #2
### Restauracja # 2

| | |
|---|---|
| **Apéritif** | Przystawka |
| **Boisson** | Napój |
| **Chaise** | Krzesło |
| **Cuillère** | Łyżka |
| **Délicieux** | Pyszny |
| **Dîner** | Obiad |
| **Eau** | Woda |
| **Épices** | Przyprawy |
| **Fourchette** | Widelec |
| **Fruit** | Owoc |
| **Gâteau** | Ciasto |
| **Glace** | Lód |
| **Légumes** | Warzywa |
| **Nouilles** | Makaron |
| **Oeuf** | Jaja |
| **Poisson** | Ryba |
| **Salade** | Sałatka |
| **Sel** | Sól |
| **Serveur** | Kelner |
| **Soupe** | Zupa |

## Science
### Nauki Ścisłe

| | |
|---|---|
| **Atome** | Atom |
| **Chimique** | Chemiczny |
| **Climat** | Klimat |
| **Données** | Dane |
| **Expérience** | Eksperyment |
| **Évolution** | Ewolucja |
| **Fait** | Fakt |
| **Fossile** | Skamieniałość |
| **Gravité** | Grawitacja |
| **Hypothèse** | Hipoteza |
| **Laboratoire** | Laboratorium |
| **Méthode** | Metoda |
| **Minéraux** | Minerały |
| **Molécules** | Cząsteczki |
| **Nature** | Natura |
| **Observation** | Obserwacja |
| **Organisme** | Organizm |
| **Particules** | Cząstki |
| **Physique** | Fizyka |
| **Scientifique** | Naukowiec |

## Science-Fiction
### Fantastyka Naukowa

| | |
|---|---|
| **Atomique** | Atomowy |
| **Cinéma** | Kino |
| **Explosion** | Wybuch |
| **Extrême** | Skrajny |
| **Fantastique** | Fantastyczny |
| **Feu** | Ogień |
| **Futuriste** | Futurystyczny |
| **Galaxie** | Galaktyka |
| **Illusion** | Iluzja |
| **Imaginaire** | Wyimaginowany |
| **Livres** | Książki |
| **Monde** | Świat |
| **Mystérieux** | Tajemniczy |
| **Oracle** | Wyrocznia |
| **Planète** | Planeta |
| **Réaliste** | Realistyczny |
| **Robots** | Roboty |
| **Scénario** | Scenariusz |
| **Technologie** | Technologia |
| **Utopie** | Utopia |

## Sports
### Sporty

| | |
|---|---|
| **Arbitre** | Sędzia |
| **Athlète** | Atleta |
| **Base-Ball** | Baseball |
| **Basket-Ball** | Koszykówka |
| **Championnat** | Mistrzostwo |
| **Entraîneur** | Trener |
| **Équipe** | Zespół |
| **Gagnant** | Zwycięzca |
| **Golf** | Golf |
| **Gymnase** | Gimnazjum |
| **Gymnastique** | Gimnastyka |
| **Hockey** | Hokej |
| **Jeu** | Gra |
| **Joueur** | Gracz |
| **Mouvement** | Ruch |
| **Nager** | Pływać |
| **Stade** | Stadion |
| **Tennis** | Tenis |
| **Vélo** | Rower |

## Surf
### Surfing

| | |
|---|---|
| **Amusement** | Zabawa |
| **Athlète** | Atleta |
| **Champion** | Mistrz |
| **Débutant** | Początkujący |
| **Estomac** | Żołądek |
| **Extrême** | Skrajny |
| **Force** | Siła |
| **Foules** | Tłumy |
| **Météo** | Pogoda |
| **Mousse** | Pianka |
| **Nager** | Pływać |
| **Océan** | Ocean |
| **Pagaie** | Wiosło |
| **Plage** | Plaża |
| **Populaire** | Popularny |
| **Récif** | Rafa |
| **Style** | Styl |
| **Vague** | Fala |
| **Vitesse** | Prędkość |

## Technologie
### Technologia

| | |
|---|---|
| **Affichage** | Wyświetlacz |
| **Blog** | Blog |
| **Caméra** | Kamera |
| **Curseur** | Kursor |
| **Données** | Dane |
| **Écran** | Ekran |
| **Fichier** | Plik |
| **Internet** | Internet |
| **Message** | Wiadomość |
| **Navigateur** | Przeglądarka |
| **Numérique** | Cyfrowy |
| **Octets** | Bajty |
| **Ordinateur** | Komputer |
| **Police** | Czcionka |
| **Recherche** | Badania |
| **Statistiques** | Statystyka |
| **Virtuel** | Wirtualny |
| **Virus** | Wirus |

## Temps
### Czas

| | |
|---|---|
| **Année** | Rok |
| **Annuel** | Roczne |
| **Après** | Po |
| **Avant** | Przed |
| **Bientôt** | Wkrótce |
| **Calendrier** | Kalendarz |
| **Décennie** | Dekada |
| **Futur** | Przyszłość |
| **Heure** | Godzina |
| **Hier** | Wczoraj |
| **Horloge** | Zegar |
| **Jour** | Dzień |
| **Maintenant** | Teraz |
| **Matin** | Rano |
| **Midi** | Południe |
| **Minute** | Minuta |
| **Mois** | Miesiąc |
| **Nuit** | Noc |
| **Semaine** | Tydzień |
| **Siècle** | Stulecie |

## Types de Cheveux
### Rodzaje Włosów

| | |
|---|---|
| **Argent** | Srebro |
| **Blanc** | Biały |
| **Blond** | Blond |
| **Boucles** | Loki |
| **Brillant** | Błyszczący |
| **Chauve** | Łysy |
| **Coloré** | Kolorowe |
| **Court** | Krótki |
| **Doux** | Miękki |
| **Épais** | Gruby |
| **Frisé** | Kręcone |
| **Gris** | Szary |
| **Long** | Długie |
| **Marron** | Brązowy |
| **Mince** | Cienki |
| **Noir** | Czarny |
| **Ondulé** | Falisty |
| **Sain** | Zdrowy |
| **Sec** | Suchy |
| **Tressé** | Pleciony |

## Vacances #2
### Wakacje # 2

| | |
|---|---|
| **Aéroport** | Lotnisko |
| **Camping** | Kemping |
| **Carte** | Mapa |
| **Étranger** | Cudzoziemiec |
| **Hôtel** | Hotel |
| **Île** | Wyspa |
| **Loisir** | Wypoczynek |
| **Mer** | Morze |
| **Passeport** | Paszport |
| **Photos** | Zdjęcia |
| **Plage** | Plaża |
| **Restaurant** | Restauracja |
| **Réservations** | Rezerwacje |
| **Taxi** | Taxi |
| **Tente** | Namiot |
| **Train** | Pociąg |
| **Transport** | Transport |
| **Vacances** | Wakacje |
| **Visa** | Wiza |
| **Voyage** | Podróż |

## Vertus #1
### Cnoty # 1

| | |
|---|---|
| **Artistique** | Artystyczny |
| **Bon** | Dobry |
| **Charmant** | Uroczy |
| **Confiant** | Pewni |
| **Curieux** | Ciekawy |
| **Décisif** | Decydujący |
| **Drôle** | Zabawny |
| **Efficace** | Wydajny |
| **Fiable** | Niezawodny |
| **Généreux** | Hojny |
| **Indépendant** | Niezależny |
| **Intelligent** | Inteligentny |
| **Modeste** | Skromny |
| **Passionné** | Namiętny |
| **Patient** | Pacjent |
| **Pratique** | Praktyczny |
| **Propre** | Czysty |
| **Sage** | Mądry |
| **Utile** | Pomocny |

## Véhicules
### Pojazdy

| | |
|---|---|
| **Ambulance** | Ambulans |
| **Avion** | Samolot |
| **Bateau** | Łódź |
| **Bus** | Autobus |
| **Camion** | Ciężarówka |
| **Caravane** | Karawana |
| **Ferry** | Prom |
| **Fusée** | Rakieta |
| **Hélicoptère** | Śmigłowiec |
| **Métro** | Metro |
| **Moteur** | Silnik |
| **Pneus** | Opony |
| **Radeau** | Tratwa |
| **Scooter** | Skuter |
| **Sous-Marin** | Łódź Podwodna |
| **Taxi** | Taxi |
| **Tracteur** | Ciągnik |
| **Train** | Pociąg |
| **Vélo** | Rower |
| **Voiture** | Samochód |

## Vêtements
### Ubrania

| | |
|---|---|
| **Bracelet** | Bransoletka |
| **Ceinture** | Pas |
| **Chapeau** | Kapelusz |
| **Chaussure** | But |
| **Chemise** | Koszula |
| **Chemisier** | Bluza |
| **Collier** | Naszyjnik |
| **Foulard** | Szalik |
| **Gants** | Rękawiczki |
| **Jeans** | Dżinsy |
| **Jupe** | Spódnica |
| **Manteau** | Płaszcz |
| **Mode** | Moda |
| **Pantalon** | Spodnie |
| **Pull** | Sweter |
| **Pyjama** | Piżama |
| **Robe** | Sukienka |
| **Sandales** | Sandały |
| **Tablier** | Fartuch |
| **Veste** | Kurtka |

## Ville
### Miasto

| | |
|---|---|
| **Aéroport** | Lotnisko |
| **Banque** | Bank |
| **Bibliothèque** | Biblioteka |
| **Boulangerie** | Piekarnia |
| **Cinéma** | Kino |
| **Clinique** | Klinika |
| **École** | Szkoła |
| **Fleuriste** | Kwiaciarz |
| **Galerie** | Galeria |
| **Hôtel** | Hotel |
| **Librairie** | Księgarnia |
| **Marché** | Rynek |
| **Musée** | Muzeum |
| **Pharmacie** | Apteka |
| **Restaurant** | Restauracja |
| **Stade** | Stadion |
| **Supermarché** | Supermarket |
| **Théâtre** | Teatr |
| **Université** | Uniwersytet |
| **Zoo** | Zoo |

# Félicitations

**Vous avez réussi !**

Nous espérons que vous avez apprécié ce livre autant que nous avons pris plaisir à le concevoir. Nous faisons de notre mieux pour créer des livres de la meilleure qualité possible.
Cette édition est conçue pour permettre un apprentissage intelligent et de qualité en se divertissant !

Vous avez aimé ce livre ?

-------

Une Simple Demande

Nos livres existent grâce aux avis que vous publiez. Pourriez-vous nous aider en laissant un avis maintenant ?

Voici un lien rapide qui vous mènera à votre
page d'évaluation de vos commandes :

BestBooksActivity.com/Avis50

# CHALLENGE FINAL !

## Défi n°1

Êtes-vous prêt pour votre jeu bonus ? Nous les utilisons tout le temps mais ils ne sont pas si faciles à trouver. Voici les **Synonymes** !

Notez 5 mots que vous avez trouvés dans les puzzles notés ci-dessous (n°21, n°36, n°76) et essayez de trouver 2 synonymes pour chaque mot.

### Notez 5 Mots du **Puzzle 21**

| Mots | Synonyme 1 | Synonyme 2 |
|------|------------|------------|
|      |            |            |
|      |            |            |
|      |            |            |
|      |            |            |
|      |            |            |

### Notez 5 Mots du **Puzzle 36**

| Mots | Synonyme 1 | Synonyme 2 |
|------|------------|------------|
|      |            |            |
|      |            |            |
|      |            |            |
|      |            |            |
|      |            |            |

### Notez 5 Mots du **Puzzle 76**

| Mots | Synonyme 1 | Synonyme 2 |
|------|------------|------------|
|      |            |            |
|      |            |            |
|      |            |            |
|      |            |            |
|      |            |            |

# Défi n°2

Maintenant que vous vous êtes échauffé, notez 5 mots que vous avez découverts dans les Puzzles n° 9, n° 17, n° 25 et essayez de trouver 2 antonymes pour chaque mot. Combien pouvez-vous en trouver en 20 minutes ?

*Notez 5 Mots du* **Puzzle 9**

| Mots | Antonyme 1 | Antonyme 2 |
|------|-----------|-----------|
|      |           |           |
|      |           |           |
|      |           |           |
|      |           |           |
|      |           |           |

*Notez 5 Mots du* **Puzzle 17**

| Mots | Antonyme 1 | Antonyme 2 |
|------|-----------|-----------|
|      |           |           |
|      |           |           |
|      |           |           |
|      |           |           |
|      |           |           |

*Notez 5 Mots du* **Puzzle 25**

| Mots | Antonyme 1 | Antonyme 2 |
|------|-----------|-----------|
|      |           |           |
|      |           |           |
|      |           |           |
|      |           |           |
|      |           |           |

# Défi n°3

Formidable ! Ce défi final n'est rien pour vous.

Prêt pour le dernier défi ? Choisissez 10 mots que vous avez découverts parmi les différents puzzles et notez-les ci-dessous.

| | |
|---|---|
| 1. | 6. |
| 2. | 7. |
| 3. | 8. |
| 4. | 9. |
| 5. | 10. |

Maintenant, composez un texte en pensant à une personne, un animal ou un lieu que vous aimez !

Astuce: Vous pouvez utiliser la dernière page de ce livre comme brouillon !

## Votre Composition :

# CARNET DE NOTES :

# À TRÈS BIENTÔT !

*Toute l'équipe*

# DECOUVREZ DES JEUX GRATUITS

**GO**

↓

**BESTACTIVITYBOOKS.COM/FREEGAMES**